图1：威尼斯与阿拉伯人的香料贸易。10世纪之后，阿拉伯人掌控着香料贸易，而威尼斯商人则负责把香料以昂贵的价格卖到欧洲各地。当时，欧洲人对香料的喜爱近乎疯狂，胡椒甚至可以充当货币来交税。直到17世纪初期，从香料群岛采购一船香料，只需3000英镑左右，到英国市场上就可以卖到36000英镑。

图2：1905年11月，教皇乌尔班二世在法国发表"以父为名"的演讲。乌尔班二世号召所有信奉基督教的国家联合起来，投入一场神圣的战争———场为基督教重获圣地的伟大的十字军东征。他还指出，圣地"遍地流着奶和蜜，黄金宝石唾手可得……是另一个充满欢娱快乐的天堂"。当时欧洲连年饥荒，财富对欧洲人无疑是非常有诱惑力的，"东方是那么的富有，金子、香料、胡椒俯身可拾，我们为什么还要在这里坐以待毙呢？"最后，他宣布参加十字军东征可以免除一切苦行（告解），保证赦免十字东征者的一切罪行。演讲结束几个月之后，第一次十字军东征就开始了。

图3：17世纪，"海上马车夫"荷兰的庞大船队。当时，荷兰的造船业非常发达，1670年，荷兰拥有的商船吨位是英国的3倍，其数量相当于欧洲其他各国的总和。据当时法国的一份报告说，除了不能远航的小船之外，荷兰船只总数达6000条。

图4：17世纪的阿姆斯特丹街景。海上贸易的繁荣带来了巨大的财富，也促进了城市的繁荣。当时阿姆斯特丹实行自由贸易、宗教宽容，还创办了养老院等慈善机构，市政建设和公共秩序也都在欧洲处于领先地位，因一大批欧洲工厂主、富商等被吸引到荷兰，阿姆斯特丹的人口也在17世纪迅速增加到10万以上。

图5：管仲画像。管仲，春秋时齐国政治家。据说他早年经商，后从事政治活动。齐桓公取得君位后重用管仲，在管仲的辅佐下先后主持了三次武装会盟、六次和平会盟，成为公认的霸主，史称"九合诸侯，一匡天下"。管仲因有殊勋于齐，被桓公尊为仲父。

图6：鞑靼武士画像。鞑靼是不同地区不同时代对出现在欧亚大草原的不同游牧民族的泛称，不是一个具体的民族或团体。一般分为白色人种鞑靼和黄色人种鞑靼，白色人种鞑靼指的是操突厥语的民族（如塔塔尔族），黄色人种鞑靼指的是操蒙古语和通古斯语的民族。明代仅指蒙古高原东部建立的鞑靼政权。

图7：航海中的哥伦布向水手解释地圆说。克里斯托弗·哥伦布是地理大发现的先驱，西班牙航海家。他坚信地圆说，梦想前往印度和中国，并因此四次横渡大西洋，发现了美洲大陆。当时，地圆说并不为公众所接受，一次在西班牙关于哥伦布计划的专门审查委员会上，一位委员甚至诘问哥伦布："即使地球是圆的，向西航行可以到达东方，回到出发港，那么有一段航行必然是从地球下面向上爬坡，帆船怎么能爬上来呢？"

图8：行进中的阿拉伯商队。阿拉伯西南部，是古代东西方贸易的重要商道。东方的商品经海路运到也门，再由阿拉伯商人用骆驼转运到叙利亚或埃及，然后运往欧洲。阿拉伯骆驼商队非常庞大，鼎盛时期，据说可以达到300人，骆驼有一两千头之多。

图9："财富之城"君士坦丁堡的陷落。1204年4月12日，在威尼斯的要求下，第四次东征的十字军攻陷了君士坦丁堡，接着一场惨绝人寰的屠杀抢掠暴行在这里持续了整整三天：圣索菲亚大教堂被抢掠一空，皇家图书馆被烧毁，超过六分之一的城区被毁坏，大量宗教遗物真迹被运回西欧。威尼斯人最知名的战利品是今日仍然竖立在威尼斯圣马可广场上的驷马铜像。

图10：维京都柏林的奴隶市场。维京人泛指生活于公元800—1066年之间所有的、从事广泛的海外贸易和殖民扩张的斯堪的纳维亚人。这是一个"海盗时代"，这些维京海盗控制了波罗的海沿岸，俄国、法国、英国、意大利和巴勒斯坦都曾留下他们肆虐的痕迹。维京人也曾做过皮毛、香料生意，但更喜欢做的还是奴隶贩卖。商贸沿线居住的大量斯拉夫人被维京人抢来贩卖为奴，于是斯拉夫"slav"一词就成为奴隶"slave"的词根。

图11：肖像油画《拿破仑翻越阿尔卑斯山》，1804年雅克-路易·大卫绘制。1800年，拿破仑率领37000名法军士兵冒险翻过阿尔卑斯山圣伯纳德隘口，进军意大利。据说当时拿破仑骑的是一匹从居民家中借来的骡子，而非油画中威风凛凛的白马。

图12：路易斯王后画像。路易斯·奥古斯特·亚美莉是普鲁士的王后，腓特烈·威廉三世的妻子。她在1806年与法国国王拿破仑一世的蒂尔西特会议之后奇迹般地成为联系两国友情的纽带，并因此得到了臣民极大的热爱。她对拿破仑的评价是："人们可以钦佩他，但不能爱他。他被幸运蒙蔽了眼睛，以为一切都可以实现。但他不懂得节制，凡是没有节制的人，都将失去平衡而跌倒在地。"

图13：一幅讽刺17世纪郁金香狂潮的漫画。1636年到1637年间，荷兰百业荒废，全国上下都为郁金香疯狂，富人、穷人都变卖家当购进郁金香，一枚稀有的郁金香球茎足以买下阿姆斯特丹运河边的一幢豪宅，或者购买27吨奶酪……在狂热情绪的驱动下，人们失去理智，变成了"猴子"。

图14：18世纪的俄国冬日乡村。18世纪，俄国经历了一次经济大跃进，彼得一世在西方重商主义浪潮的冲击下，全面推行了重商主义政策，当然，这也是为了满足对外扩张和国内改革的需要。其主要内容是，在贷款、税收和劳动力等方面给予优惠，鼓励私人开办工场。俄国因此造就了一大批新兴的商人和企业主。

图15：棉花种植园中正在劳作的黑奴。美国内战爆发前，南方的蓄奴州共有15个，黑奴有400多万人。欧洲工业革命后，纺织业迅速发展，对棉花需求量大增，南方种植园经济一下子又兴盛起来。大批黑奴被赶去种植棉花，而这些棉花大部分出口到了英国和西欧国家。这些黑奴每天劳动时间长达18个小时，每人每年平均生活费仅为7美元，食不果腹且没有人身自由。

图16：清朝末年，在家中吸食鸦片烟的中国人。19世纪中期，中国已经有超过数百万人吸食鸦片，这不仅让清朝白银大量外流，还使吸食者骨瘦如柴，神情涣散，整个国家都沉浸在颓废的气氛中。在经历了两次鸦片战争后，1880年，伦敦出版商推出题为"鸦片吸食者"的宣传册，副标题为"鸦片贸易给中国带来的灾难"，这个宣传册分为四个部分，用图文结合的形式细数了鸦片灾难实况和英国政府的罪状。

图17：帕森达勒战役后战场上的颓垣断壁。这场持久战发生于"一战"期间，从1917年7月至11月，英国及其盟友在比利时帕森达勒村与德军展开了激烈战斗，双方不仅大量动用了坦克、大炮，还动用了化学毒气芥子气，造成大量伤亡，最后盟军终于拿下村子，也就是照片中的这一片废墟。

图18：第一次世界大战中正在战壕中休息吃饭的协约国士兵。交战中，由于双方对外贸易相互封锁，许多国家粮食、棉花等物资供应紧张，士兵的食物基本上只有土豆泥和汤。

图19：1939年，英国街头正在排队领取配额口粮的人们。由于受到德国潜艇对航运的严密封锁，英国不得不对基本民生物资实行严格的配给制度。"二战"爆发后，政府对某些类别食品做了配给计划，在全英国实行。地区食品管制委员会准备了配给卡，可以用来购买五类食物：肉、黄油和人造黄油、培根和火腿、烹饪油、糖。据说，从1940年到1945年出生的整整一代英国孩子，在1946年之前没有见过香蕉。

图20：1929年经济危机后的"胡佛村"照片。危机爆发后，大批银行家、股票经纪人因为破产而自杀，许多人一夜之间一无所有，但胡佛政府最初不承认有什么危机。人们在失望和愤怒之余，开始嘲讽胡佛总统：失业者在昔日繁华的大街上搭建起了用旧铁皮、纸板和粗麻布为材料的小棚子，并把它称作"胡佛村"；手里提着的捡破烂的口袋叫作"胡佛袋"；晚上裹在身上御寒的旧报纸称作"胡佛毯"；空空如也的钱袋，叫作"胡佛旗"。

图21：大萧条时期，两个美国男人在身上挂着求职的广告牌。经济危机后的大萧条时期，约有200万美国人到处流浪，这些失业的无家可归者，有农场主，有大学毕业生，有本来属于中产阶级的中年男人。为了找到一个可以糊口的工作，人们用尽了办法：有个阿肯色州人为了找工作步行900英里；纽约某个工厂招聘300人，结果应聘者超过5000人；华盛顿州甚至有人蓄意放火，想因此而有人雇他当救火员。

图22：冷战时期苏联的宣传画，画上的女人正在享受美食。事实上苏联是一个粮食进口国，苏联后期，粮食进口的规模已严重威胁到苏联政治经济的稳定。最终，粮食危机成为商品短缺、特权丛生、民众不满、贸易失衡和经济崩溃的重要原因。

图23：20世纪70年代末期的苏联商店。这是苏联的黄金时代，依靠着源源不断的"石油美元"，赚进了大把外汇，虽然轻工产品、农副产品不如西方丰富，但是民众的生活质量却很高，衣食无忧，商店的货架上有各种各样的食品，住房医疗教育均免费，很多人都可以安逸地去度假。

图24：20世纪70年代，日本工厂中正在认真工作的女工。"二战"后，日本实行国民经济非军事化，全力进行经济建设，再加上美国对日本的扶持，经济开始突飞猛进。到了20世纪60年代末，日本已经成为世界上最大的电视机生产国之一，并且大量出口。

# 世界贸易战简史

赵涛 刘挥 ◎ 著

华文出版社
SINO-CULTURE PRESS

图书在版编目（CIP）数据

世界贸易战简史 / 赵涛, 刘挥著. -- 北京：华文出版社，2019.6

ISBN 978-7-5075-5109-9

Ⅰ.①世… Ⅱ.①赵… ②刘… Ⅲ.①国际贸易—贸易战—贸易史 Ⅳ.①F749

中国版本图书馆CIP数据核字（2019）第079512号

## 世界贸易战简史

### SHIJIE MAOYI ZHAN JIANSHI

| | |
|---|---|
| 著　　者： | 赵　涛　刘　挥 |
| 出版策划： | 兴盛乐 |
| 责任编辑： | 张　轶 |
| 出版发行： | 华文出版社 |
| 社　　址： | 北京市西城区广安门外大街305号8区2号楼 |
| 邮政编码： | 100055 |
| 网　　址： | http://www.hwcbs.com.cn |
| 电　　话： | 总 编 室 010-58336239　　发 行 部 010-58336267　58336238 |
| | 责任编辑 010-58336195 |
| 经　　销： | 新华书店 |
| 印　　刷： | 固安县保利达印务有限公司 |
| 开　　本： | 710×960　1/16 |
| 印　　张： | 15 |
| 字　　数： | 160千字 |
| 版　　次： | 2019年6月第1版 |
| 印　　次： | 2019年6月第1次印刷 |
| 书　　号： | ISBN 978-7-5075-5109-9 |
| 定　　价： | 49.80元 |

版权所有　侵权必究

# 前　言

　　从2018年上半年起,随着中美贸易摩擦的发酵和升级,人们越来越多地谈起贸易战。那么什么是贸易战呢?我们首先应该给它下个定义。贸易战实质上是对发展机会和生存空间的争夺,是国家间贸易利益的冲突。广义的贸易战包括一系列的贸易摩擦、争夺,报复与反报复,其形式包括但不限于关税壁垒、低价倾销、汇兑贬值、经济封锁、单边制裁等。一般情况下,贸易战会同时伴随着政治上、外交上的激烈角逐,此外,贸易战还包含着战争风险,极端的情况下甚至会直接引发战争。

　　在经济领域,贸易摩擦或者说贸易战的历史可谓源远流长:在中国,贸易战最早可以追溯到春秋时期管仲发起的"货币战争";在西方,从12世纪起,各国就在为香料而大打贸易战。尽管古典自由贸易理论曾为我们描述了一种理想的贸易体制——市场决定一切,没有贸易障碍或者贸易壁垒——但当我们从头梳理东西方贸易战历史后就会发现,这种纯粹的自由贸易是绝对不会存在于现实之中的。从某种意义上来说,贸易摩擦(贸易战)其实是贸易发展过程的一种常态,这是由其本质决定的。

接下来，我们将说明贸易战的原因，贸易战有哪些形式，历史上有哪些影响了世界格局的贸易战，还将对贸易战的发起者、持续时间及结果等做简要分析。太阳下没有新鲜事，以历史为师，我们才能更好地理解贸易战的现在和未来。

## 一、贸易战根源：从贸易自由到贸易保护只有一步之遥

传统的自由贸易是建立在垂直式国际分工基础上的。在理想状态下，不同国家处在不同的分工梯级上，互为市场的同时，市场优势互补，达到一种均衡状态。但在现实中，尽管有可能在一定时期，各个国家能够享受到这种均衡的比较利益，但这种状态却并不稳定，因为不同国家的利益大小总是有所区别：在国际分工中处于较高梯级上的国家所获利益要大于处于较低梯级上的国家。然而各国的经济发展都是动态的，经济进步或者衰退都可能改变其在国际分工中所处的位置，并因此打破原有的国际分工格局和国际经济秩序。比如我们看到，两个原本市场互补的国家，由于经济发展的原因，比较优势趋于一致，开始在同一市场中相互竞争，贸易摩擦和冲突就会不断加剧。发展较快的国家为争夺市场份额，可能会选择倾销作为武器，而发展较慢的国家就会由贸易自由转向贸易保护主义。这就是贸易战的根源。正是因为不同国家由于经济发展水平和社会制度存在较大差异，各国从国际贸易中获得的实际利益很难均衡，所以历史上贸易战争从未间断过。顺便说一句，从历史规律来看，贸易摩擦和冲突，往往会进一步加剧世界经济的衰退。

除了上面所说的根源性原因外，从政治经济学角度出发，还有以下几个原因也可能导致贸易战的发生。

·**国家间战争的导衍或延续**。各国的政策介入能够改变各国参与国际贸易的收益，因此贸易战也成了敌对国家对决的"第二战场"。比如"二战"后，由于有了可以同归于尽的超级核武器库，两个超级大国美苏就将大规模正面战争转变为"没有硝烟的战争"。从粮食到石油，贸易领域布满摩擦和博弈。

·**国际政治经济霸权的周期性变化**。从16世纪的葡萄牙、17世纪的荷兰，到18、19世纪的英国和20世纪的美国，国际政治经济霸权呈现出周期性的变化。了解一下贸易战的历史，我们就会发现，每当霸权处于衰落时期，国际间的贸易战就会格外频繁。这是因为当一国霸权衰落时，就会变为"守势"，贸易保护主义则占据上风。比如一个占据市场优势的工业化国家会从其落后贸易伙伴的发展中受益，但是该贸易伙伴的发展一旦达到了某个阈值，就会引发双方国家利益的冲突。在国家利益冲突的过程中，贸易摩擦在所难免。20世纪70年代，日本经济快速崛起，挑战了美国的经济霸权，便因此陷入了一场长达30多年的贸易大战，"日本经济奇迹"因此终结。

·**利益集团对贸易政策的影响**。有一种经济学观点认为，政府很少追求那些使社会福利最大化的政策，政府寻求的是那些使政治支持最大化的政策，这些政策通常反映的是那些最有影响力的集团的利益。在1935年，民主哲学家沙特施耐德（Schattschneider, E. E）就曾经写过《政治学、压力和关税》一书，对利益集团在美国斯姆特—霍利关税法案（见本书第九章）中的影响进行了研究。

## 二、贸易战的形式：从经济封锁到关税壁垒、非关税壁垒

随着经济全球化的进程，贸易战的形式也在不断地"丰富"和演化。

最初贸易战的形式比较简单，主要是通过哄抬物价、控制战略资源出口等方式，破坏对手的经济平衡；随后贸易战的形式又增加了对市场及货源的争夺，这类贸易战往往同时伴随着军事战争。比如中国历史上的管仲"买鹿制楚"、宋辽贸易战等就属于此类。

人类历史从分散走向整体后，国际经济贸易联系也越发紧密，这意味着一部分国家对于国外贸易的依赖度在不断提升。于是，贸易战中一些国家开始试着用经济封锁的手段来打击敌对国家，削弱其经济实力。这方面我们能找到非常多的例子，比如拿破仑曾经试图通过封锁来扼杀英国经济，以确立自己的欧洲霸主地位；美国南北战争中，北方利用贸易封锁的方式削弱南方，加速了战争进程。

到了近代，最常见的贸易战形式通常为关税壁垒。关税壁垒也就是我们通常说的关税战，关税战历史上曾经多次发生过：1893年，法国与瑞士爆发了一次贸易战，其主要形式就是相互提高关税，这次关税战的结果是，法国输出到瑞士的商品减少了43%，瑞士输出到法国的商品减少了27%；1893年，俄国与德国也发生了一次关税战，加征的附加税达到了50%，由于双方均损失巨大，一年后不得不握手言和。

而"二战"后，除了关税壁垒这种传统的贸易战形式外，非关税壁垒也成了普遍的贸易战措施。非关税壁垒涉及的范围非常广泛，它是指除关税之外的所有贸易干预措施。常见的政策工具包括进口配额、出口补贴、自愿出口限制、自产比例限制、国产化要求、反倾销、反补贴、保障措施、进口许可证、技术性贸易壁垒、政府采购限制以及根据国内的贸易法条款进行调查后制裁等。在美欧香蕉贸易战、钢铁贸易战中，我们都能看到这些更复杂、更隐蔽的贸易战形式。

### 三、那些改变了历史走向的贸易战

历史上，有很多或大或小的贸易战在很大程度上影响了历史走向，与人类的命运息息相关。其中，小则可能影响一个朝代的兴亡、决定数十年的区域政治格局，大则影响了整个人类文明的进程。本书中我们可以看到很多这类经典贸易战，下面仅举几例。

- **终结百年战乱的铁锅贸易战**。明朝时期，鞑靼部落连年侵扰长城沿线，北方边关战乱不停。名臣张居正靠着互市与"铁锅大战"两张牌，不动声色地消弭了威胁北方和平的因素，昔日战乱频繁的长城沿线，变为红红火火的贸易市场，许多著名的商帮与贸易路线都应运而生，助推了明朝"隆万中兴"的辉煌。

- **香料贸易战与大航海时代**。中世纪时，威尼斯与阿拉伯人联手垄断了香料贸易，欧洲人对香料的强烈渴望直接催生了大航海时代，成就了欧洲几百年的世界霸主地位——在此之前，世界只是一个以臆想形式存在于人们头脑中的概念,大航海时代到来后,人类历史上第一次出现了东西半球多种文明的汇合,世界才成为一个相互影响的整体。

**· 关税大战助推世界大战**。1929年,美国爆发了一次股市大崩盘,股灾造成的更可怕的连锁反应很快发生:疯狂挤兑、银行倒闭、工厂关门、工人失业……整个银行业和经济体系陷入危机。为了转嫁危机、振兴国内市场,美国大幅提高关税,引发了一场席卷资本主义世界的关税贸易战,世界经济因此进入了长达十余年的大萧条时期。蝴蝶扇动的翅膀带来了一场飓风,德国因长期的经济萧条逐渐走入歧途,而美国巨大的关税壁垒也随着第二次世界大战的硝烟和混乱坍塌。

## 四、贸易战回望:自由贸易与贸易保护主义

无论过去还是现在,自由贸易和贸易保护的争斗从未停止,自由贸易虽然长期被以美英为代表的资本主义国家所推崇和倡导,但是在这些国家,贸易保护主义始终拥有一席之地。

曾经的"日不落帝国"英国,在击败了荷兰和西班牙后获取了海上贸易霸权,而当时其执行的就是保护主义的重商主义经济政策:1485年,亨利七世推出了大力支持羊毛工业的贸易保护主义政策,1587年完全禁止羊毛出口;1699年通过"羊毛法案"禁止进口殖民地的羊毛制品;1700年英国国会通过一项禁止销售印度棉布的法令;1815年英国通过了新的谷物法,提高了对农业的保护力度。直到工业革命开始后100年,英国成为世界上最发达的工业资本主义国

家，才取消了贸易和关税限制，转而倡导自由贸易。

美国的情况也与之类似。作为资本主义世界的后起之秀，美国其实是在高关税的保护下成长起来的——从19世纪20年代到20世纪30年代将近一个世纪的时间里，美国实行了世所罕见的高关税保护主义政策，美国新兴产业、成长期工业以及弱小工业一直被"铜墙铁壁"保护着。

有人总结了一个经济规律：为了保证国家利益最大化，每当发达国家经济不景气时，就实行贸易保护主义，当经济繁荣时，又极力鼓吹贸易自由化；贸易战一般都是在经济遇到危机或行业遇到困境的状况下爆发，经济危机时的贸易战相对广度更大，行业困境时的贸易战规模和范围则相对较小。这个规律从本书中给出的一些经典贸易战里也能得到印证，比如1930年世界性的关税贸易战、美国与欧盟之间持续了将近20年的香蕉贸易战等。从下面的表格中，读者可以更直观地看到这种相关性。

**20世纪以来主要贸易战**

| 贸易战 | 发起国 | 贸易战形式 | 发生背景 | 时间 | 结果 |
|---|---|---|---|---|---|
| 斯姆特-霍利关税战 | 美国 | 关税壁垒，对两万多种进口商品征收高关税 | 大萧条前期 | 1930—1934年 | 引发30多个国家抗议与关税报复，欧美两败俱伤，导致了全球大萧条 |

续表

| 贸易战 | 发起国 | 贸易战形式 | 发生背景 | 时间 | 结果 |
|---|---|---|---|---|---|
| 鸡肉贸易战 | 欧盟 | 欧盟对美国进口鸡肉征收高额关税并进行价格控制,美国反制,提高对西欧工农产品的进口关税 | 美国即将步入"大通胀"时代 | 1963—1964年 | 双方和解,美国降低37%平均关税,换取欧洲降低35%平均关税 |
| 日美贸易战 | 美国 | 美国在纺织、钢铁、彩电、汽车、半导体、电信等行业,对日本发起反倾销调查或做出不利裁决,并通过了301条款、超级301条款,对日本进行制裁和限制 | 美国经济滞涨,日本飞速崛起 | 20世纪60年代至20世纪90年代初 | 日本多次自愿限制出口、对美国开放市场,并签署了《广场协议》。20世纪90年代初,因泡沫破裂陷入萧条 |
| 美加贸易战 | 美国 | 美国对加拿大木材进行反补贴调查,并征收惩罚性关税 | 美欧多国经济下行 | 1982—2001年 | 双方签订软木协议,但是每隔几年就会因为木材出现贸易摩擦 |
| 面食产品贸易战 | 美国 | 美国对欧洲柑橘类产品的准入制度不满,并对面食产品征收关税。为了报复,欧洲对美国的核桃和柠檬征收关税 | 美欧多国经济下行 | 1985—1986年 | 双方达成和解,欧洲损失不大。但农产品一直是美欧贸易摩擦的一个焦点 |

续表

| 贸易战 | 发起国 | 贸易战形式 | 发生背景 | 时间 | 结果 |
|---|---|---|---|---|---|
| 香蕉贸易战 | 欧盟 | 通过许可证制度、配额制度等对香蕉进口进行限制;美国动用301条款对欧盟实施关税报复 | 欧共体(欧盟)成为强大经济体 | 1993—2012年 | 双方达成协议,美国终止实施报复性关税措施 |
| 钢铁贸易战 | 美国 | 对进口的主要钢铁品实施为期3年的关税配额限制或加征高关税 | 全球钢铁产能过剩 | 2002—2003年 | 欧盟、亚洲钢铁行业受损,2003年底,美国取消对钢铁的保护性关税 |

(资料来源为公开资料及世贸组织的统计数据)

20世纪以来,随着经济全球化步伐的加快,贸易摩擦数量不断增多。世贸组织的统计数据显示,贸易摩擦大多发生在欧、美、日等少数几个贸易大国之间。其中,美国基本主导了世界经济中规模较大的主要国际贸易战。特别是从1974年颁布"301条款"以来,美国共启动了125项"301调查",中国[1]、欧盟、日本、加拿大、韩国、巴西等多个世贸组织成员都屡次成为调查对象,其中部分成员被迫对美国企业开放市场或是成为美国实施报复措施的目标。

贸易摩擦效应研究显示,贸易摩擦的结果只有两种:第一种,贸易摩擦使所有国家(包括博弈方)的利益都受损,特别是在关税战

---
[1] 2018年中美贸易摩擦之前,美国曾5次对中国发动"301调查",不过时间都较短,以和解告终。

中,没有哪一个国家能受益;第二种,特定条件下(一国进口需求价格弹性相对较高),规模相同的国家之间的关税战使双方均受损,双方有相互侵害的能力,而规模不同的国家间的关税战往往是大国得益而小国受损。但即使这样,也可能产生意外的影响。比如,美国为保护国产汽车行业,对欧洲汽车征收高关税,美国汽车行业确实在很大程度上避开了国外的竞争,但最终也因此丧失了快速实现现代化转型的机会。最终美国车企走了数十年的下坡路,克莱斯勒和通用汽车不得不宣布破产。

黑格尔曾经说过,人类从历史中吸取的教训就是,人类从来都不会从历史中吸取教训。

现在,全球国际贸易紧密联系,国家与国家之间贸易往来日渐频繁,国际贸易额不断扩大。但是随着贸易成本整体呈下降趋势,国家间的贸易保护主义也再度抬头,贸易摩擦不断升级。2018年上半年,美国特朗普政府对中国、欧盟、北美贸易区、土耳其等国家和地区大量加征关税,发起了贸易战。到目前为止,钢铁、铝业、汽车、农产品、消费品等行业已经受到不同程度的影响。

300年前,在现代经济学开山之作《国富论》中,亚当·斯密提出专业化分工是提高劳动生产率的终极源泉,分析了专业化分工与自由贸易的关系;200年前,李嘉图提出比较优势原理,奠定了现代贸易理论的基础。之后,世界主流经济学家也在不断完善基于比较优势原理的贸易理论,并形成了被载入经济学教科书的自由贸易理论,成为各国经济学家和政策制定者倡导自由贸易的学理依据。在过去三分之一个世纪中,自由贸易给世界带来了前所未有的繁荣和发展,所创造的财富给全人类带来了最美好的时光。因此,尽管自由贸易的进程并非一帆风顺,但以自由贸易为核心的经济全球化仍然是当今世界不可逆转的时代潮流。

现在,世界又一次处在历史性关头,我们不得不面对一次逆全球化或全球化的调整期,从贸易保护主义到真正的贸易自由,可能还有很长的一段路要走。

# 目 录

## 第一章 管仲的"货币战争"

01 衡山之谋 / 003

02 鲁梁之谋 / 005

03 买鹿制楚 / 007

## 第二章 互市贸易中的"经济账"

01 宋辽暗战 / 013

02 铁锅买卖 / 016

03 人参之战 / 019

## 第三章 白银帝国的衰亡之路

01 中俄贸易 / 025

02 茶叶战争 / 028

03 抵制美货 / 031

## 第四章 民国白银危机（1933—1935）

01 "黄金十年" / 039

02 白银风潮 / 041

03 法币改革 / 044

## 第五章 香料贸易与大航海时代

01 香料之路 / 051

02 财富之城 / 053

03 败也垄断 / 056

## 第六章 "海上马车夫"的崛起与衰落

01 贸易帝国 / 061

02 荷葡之争 / 066

03 《航海条例》 / 070

## 第七章　拿破仑帝国与"大陆封锁"

01　欧洲争霸　/　077

02　柏林敕令　/　079

03　帝国覆灭　/　082

## 第八章　美国南北战争中的贸易战

01　南北之争　/　087

02　"水蟒计划"　/　089

03　棉花对抗　/　091

## 第九章　斯姆特–霍利关税贸易战

01　危机爆发　/　097

02　法案签署　/　099

03　关税壁垒　/　101

### 第十章　日本侵华战争的隐秘阵线

01　倾销税法 / 107

02　走私之战 / 109

03　货币战争 / 112

### 第十一章　世界大战背后的"经济战争"

01　硝烟背后 / 117

02　"一战"风云 / 120

03　财富较量 / 123

### 第十二章　美苏贸易战之粮食大战

01　面包依赖 / 131

02　"粮食劫案" / 134

03　粮食禁运 / 137

## 第十三章　美苏贸易战之石油危机

01　石油美元 / 143

02　逆向冲击 / 146

03　苏联解体 / 149

## 第十四章　抗美援朝战争背后的贸易战

01　禁运风云 / 155

02　中日贸易 / 158

03　针锋对决 / 160

## 第十五章　美日贸易战之风起云涌

01　"铁锈地带" / 167

02　汽车大战 / 169

03　东芝事件 / 172

## 第十六章　美日贸易战之余波未平

　　01　广场协议 / 179

　　02　301条款 / 182

　　03　十年一梦 / 185

## 第十七章　美欧20年香蕉贸易战

　　01　洛美协定 / 193

　　02　规则之下 / 196

　　03　贸易报复 / 198

## 第十八章　损人不利己的钢铁贸易战

　　01　大战开始 / 203

　　02　贸易混战 / 205

　　03　得失之论 / 207

# 第一章

# 管仲的"货币战争"

贸易战，争的不是正义，而是经济利益；贸易战，斗的不是军力，而是不战而屈人之兵。

管仲被称为中国最早的"经济学家"不是没有道理的，他虽没有提出明确的经济理论，但却通过具体的经济活动实践着其经济思想，包括通货膨胀、价格与市场、税收与财政、国家宏观调控、社会分工，甚至货币战争。管仲可以算作"贸易战"的鼻祖，在两千年前，他就曾用各种经济手段发起贸易战，不动兵刃便降服了对手。

## 01 衡山之谋

春秋时期，齐鲁两国之间夹着一个小国叫衡山国，衡山国虽小，但却有着独特的生存优势——擅长制造大型战车与各种兵器，在当时有"衡山利剑，天下无双"之说。然而神兵利器并不能拯救亡国的厄运——彼时，齐国经过管仲改革，国力日益强盛，齐桓公素有成就宏图霸业的雄心壮志，卧榻之侧岂容他人酣睡，衡山国就成了齐国首先要除去的目标。

齐桓公想派兵攻打衡山国，但是又心存疑虑，担心无法战胜衡山国，于是就找来管仲商议。

管仲建议齐桓公先不要跟衡山国动兵刃，他有一个大胆的想法："公其令人贵买衡山之械器而卖之，燕代必从公而买之，秦赵闻之，必与公争之，衡山之械器，必倍其贾，天下争之，衡山械器，必十倍以上。"

这是什么意思呢？管仲知道衡山国兵器制造周期较长，如果是大型战车的话，造一台要一年半时间。他提议齐国高价进口衡山国的兵器，燕国和代国知道后，为了增强防御能力也一定会跟风购买，秦国和赵国知道后，肯定会认为齐国打算进攻他们，也会去跟着购买。这样一来，衡山国的兵器价格就会大幅上涨，而现在衡山国的兵器产量就那么一点儿，天下人都来抢着买，价格必然涨到十倍以上。兵器价格暴涨引起的联动效应就不是衡山国所能预料和控制的了，到时候管仲自然有办法打败衡山国。

齐桓公听从了管仲的建议，派人到衡山国高价订购各种兵器，十个月后，燕国、代国、赵国、秦国果然不计价格地先后来争购。天上掉下来的馅饼让衡山国君高兴到昏了头，他对国相说："天下都抢购我们的兵器，下令价格再涨十倍以上。"于是衡山国的各种兵器都以高价预定给了天下各国，衡山国民欢声雷动，人们都跑去兵工厂制造兵器，以求谋取暴利，衡山国的土地都荒芜了。

十二个月之后，管仲又派人去衡山国高价收购粮食，一时间全天下的商人都把粮食往齐国运输，在之后的五个月里，各国大部分粮食都到了齐国，粮食价格也被齐国抬高了三倍。

就这样，花了十七个月的时间，衡山国的兵器价格涨了十倍，粮食价格也炒高了三倍。这时，齐国突然宣布不要衡山国的兵器了，还跟衡山国断交。

衡山国顿时陷入了一片混乱之中：齐国单方面撕毁了合同，其他高价购买的国家也跟着放弃了购买；衡山国没有从兵器制造中赚到钱，反而因为举国投入兵器生产，荒芜了农田，国内还闹起了饥荒。无奈之下，衡山国只好派人去齐国高价进口粮食，并很快因此财政破产。

这时齐国开始陈兵边境，跟鲁国约定一起攻打衡山国，齐国攻打衡山国北，鲁国攻打衡山国南。此时，衡山国已经没有了一战之力——国内闹饥荒，国民大部分逃亡到齐国。很快地，内忧外困之下的衡山国君做出了一个明智决定——"内自量无械器以应二敌，即奉国而归齐矣"，衡山国举国投降，归顺齐国。

齐国成了绝对的赢家，兵不血刃就收服了衡山国，还顺便掌控了当时的重要物资谷物，掌握了经济主动权。

## 02　鲁梁之谋

贸易战虽然没有硝烟，但是货币的威力却丝毫不逊于真刀实枪的战斗。

齐桓公称霸之路障碍重重，因为齐国周围强邻环绕，仅仅依靠军事实力和"尊王"的堂皇旗号，很难达到称霸的目的。为此，在管仲的建议下，齐桓公对内加强国家经济管理，对外实行灵活的对外贸易方针，从经济上对敌国进行战略性打击。

鲁梁之谋就是一次精彩的古代贸易战，管仲用真金白银，不动声色地同时击败了两个邻国。

故事发生在齐桓公继位的第二年。鲁国和梁国与齐国毗邻，且总是冲突不断，齐桓公继位后，就将这两个国家视为眼中钉肉中刺，欲吞之而后快。他向管仲问计："鲁国和梁国对于我们齐国来说，就像田地边的庄稼，蜂身上的尾蜇，牙齿外的嘴唇一样。现在我想攻占鲁梁两国，应该怎么做呢？"管仲思考了一下，然后对齐桓公说："鲁梁两国的百姓，很多都以织鲁缟为业。如果您穿起鲁缟做的衣服，左右近臣也必定跟着穿，士绅们穿起了鲁缟，百姓也就会跟着穿。此外，您还要下令齐国不准织鲁缟，全力种田，这样一来，鲁缟就只能从鲁梁二国进口，鲁梁二国就将放弃农事而去织鲁缟了。"

鲁缟本来并没有什么特殊之处，只是鲁梁地区的一种纺织品，以丝线为经，棉线为纬。但是自从桓公听从管仲的建议，穿起了鲁缟做的衣服，鲁缟一下子就抢手起来。一时间，齐国的王公贵族都穿起了鲁缟，上行下效，齐国举国掀起了穿鲁缟衣的风潮。由于国君下令齐国不准织鲁缟，商人们就纷纷跑到鲁梁两国去采购原料，鲁缟的价格短时间内就被炒高了。

管仲不忘煽风点火，他还对鲁梁两国商人说："齐国急需鲁缟，你们给我贩来鲁缟一千匹，我给你们三百金；贩来一万匹，给三千金。"如此天价自然刺激了鲁缟的生产，当时齐鲁两国百姓纷纷织鲁缟，家家户户织机响个不停，连两国国君也大力支持。就这样过了一年，管仲派探子到鲁梁探听情况。探子回报说：两国城中路上尘土飞扬，走路的、赶车的、骑马的都在忙着运鲁缟。鲁梁农田荒废，几乎无人耕种。

管仲于是去见齐桓公说："时机到了，可以拿下鲁梁二国了。"

桓公问："该怎么做呢？"

管仲回答说："首先，您应改穿帛衣，这样一来百姓也就不会再穿鲁缟。还要封闭关卡，与鲁梁断绝往来。"

国君与贵族都开始改穿帛衣，鲁缟做的衣服很快就过时了，齐国市场饱和，再也无人愿意购买，而齐国封闭了关卡，导致鲁梁的鲁缟销售无门，大量积压。

又过了几个月，管仲再派探子去探听消息，发现鲁梁两国的状况已经很糟糕了——百姓开始吃不上饭，连朝廷的正常赋税都交不起。虽然两国国君都命令百姓去种田，但是从种植到收获还需要很长时间，而且农田荒废已久，产量也不会太高。

无奈之下，两国只能向积聚了大量谷物的齐国进口粮食。管仲毫不客气地把粮食价格一提再提，向鲁梁要价每石千钱，这几乎是正常售价的百倍。就这样，两国的财政几乎被齐国掏空了。

这次货币战争最后的结局如何呢？据史书记载："二十四月，鲁梁之民归齐者十分之六，三年，鲁梁之君请服。"

这才是真正的"不战而屈人之兵"。

## 03 买鹿制楚

春秋时期，各国的经济结构都很简单，交易的商品也不外乎粮食、盐、布匹、金属等国计民生的必需品。管仲通过哄抬物价，破坏敌对国家经济平衡，形成单边的经济依赖，让齐国牢牢把握了经济主动权，他已经很精准地把握住了贸易战的本质。在买鹿制楚一战中，我们也能很清晰地看到管仲的这种贸易战思路。

楚国位于齐国之南，实力雄厚、历史悠久，对齐国时有滋扰，严重影响了齐桓公的称霸大计。齐桓公想要发兵震慑，但是"恐力不能过"，硬碰硬未必能占到便宜，于是在管仲的劝说下，还是决定先打贸易战。该怎么做呢，楚王毕竟不像衡山国王那么短视，如果直接购买民生物资，很可能会引起对方的警惕。管仲在思考之后，建议齐桓公以兴建狩猎场为名去楚国重金收购梅花鹿。

很快，上百名齐国商人组织了一个大型采购团，用大车拉着铜钱，到齐国去大量购鹿。他们在市面上到处传言："齐桓公好鹿，愿不惜重金购买！"虽然鹿是楚国所特有的，但当时在楚国并不是什么罕见动物，楚国人把鹿当作食物，通常两个铜币就可以买一头。但是齐国商人一来就开出了高价，开始是三个铜币买一头鹿，半个月后涨到五个铜币一头。随着时间的推移，鹿的价格还在不断上涨，原来两个铜币的鹿逐渐被炒到十个铜币、十五个铜币，有时甚至上百铜币才能买到一头鹿。

这件奇事很快就传到了楚王的耳朵里，楚王一开始还有点儿疑虑，他派人调查了一下，下面的人回报说齐国买鹿是为了兴建狩猎场供齐桓公玩乐。就这样，楚王根本没有弄清楚齐国的真正目的，就过早地放宽了心。楚王认为齐国是在自寻死路，还兴奋地组织了盛大的宴会，在酒宴上对大臣说："十年前有个小国叫卫国，他们的国君玩物丧志，因为特别喜欢仙鹤，就花很多钱去买仙鹤，最后耗空财政灭亡了。现在齐桓公好鹿，难道不是在重蹈卫国的覆辙吗？这是楚国的福气呀！"于是他对齐国买鹿一事放任不管，与大臣饮酒作乐去了。

齐国重金买鹿在楚国引起了巨大的轰动，农夫们惊讶地发现，一头鹿的价值竟然抵得上千斤粮食，于是他们纷纷舍弃农田，制作猎具跑到深山里去猎鹿。鹿越来越少，猎鹿的人却越来越多。事情发展到这里，我们已经能够看出楚国将要面临的危机了，但是管仲还觉得不够，他又对楚国的商人散布传言说："你们也去帮我们收购鹿，给我二十头鹿，就给你们百两黄金，两百头鹿，就价值千金。"重赏之下，必有勇夫，在管仲的运作和各国商人的推动下，猎鹿成了楚国的举国运动，人们都放弃本职工作跑到森林里抓鹿，甚至一些士兵也将手中的兵器换成猎具，偷偷地跑去打猎。这一年，楚国的粮田大面积荒芜，官府和民家的铜币却堆积成山。

但是接下来发生的事情却让楚国傻眼了。楚国的大小粮仓都见了底，几处毗邻齐国的边陲要地，更是接连因饥荒而爆发动乱。楚王一开始还没有慌，因为楚国有的是钱，他让人拿钱去齐国买粮食，没想到齐国却关闭了边境，不肯卖粮食给楚国。此外，管仲还让齐桓公发布号令，禁止其他诸侯国卖粮食给楚国。楚国空守着满仓库的黄金铜钱，却只能忍饥挨饿。

渐渐地，楚国民心不稳，日渐动荡，齐国又派大臣把粮食运到齐国和楚国边境的一个叫芊的地方，告诉楚国人说："我们这地方有粮食，如果有谁不想再挨饿了，就离开楚国来我们齐国吧。"于是大批楚国人逃到了齐国。

眼看时机成熟了，管仲就集合八路诸侯大军，浩浩荡荡地进逼楚境。此时的楚国民心涣散，军队也被饿得无力作战，如案上的鱼肉，只能任人宰割。楚王只得放下老牌强国的尊严，向齐桓公求和，同意听从齐国的号令，把齐桓公捧上了霸主宝座。

历史上，管仲曾经多次发起这类贸易战，除了前文所讲的几个国家外，莱、莒、代等国也都被管仲扭曲了经济结构，破坏了粮食安全，摧毁了经济基础，未动一刀一枪就败给了齐国。

纵观这几次"货币战争"，从头到尾都贯穿着管仲的经济思想——"轻重之术"。管仲认为商品和货币都有价值，价低则贱，贱即为轻；价高则贵，贵即为重。轻重是由流通量来决定的，散之则轻，藏之则重。商品与货币的轻重则刚好相反，币重则物轻，币轻则物重。"故善为天下者，谨守重流，是天下不吾泄矣，彼重之相归，如水之就下"，这是说一方面守住本国所有的重要物资，不通过贸易流通出去；一方面要将别国的重要物资，通过贸易"泄"到本国来。一句话，通过调节战略性物资的供给，便可以轻而易举地掌控一国的经济命脉。

第二章

# 互市贸易中的"经济账"

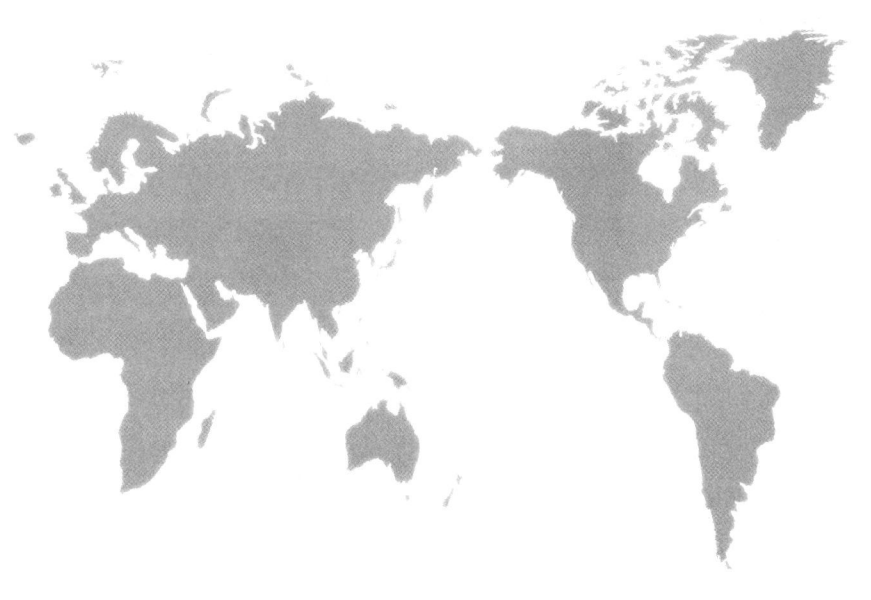

互市指历史上中原王朝与周边各族间的贸易往来，起源于汉初，隋唐以后，各王朝都设有专门的管理机构。互市盛行于宋、明，尤其是极负盛名的茶马互市，对维护宋朝在西南地区的安全与稳定起到重要作用，是两宋王朝具有重要战略意义的治边政策。互市贸易有时候也能让双方的实力此消彼长，甚至因此改变王朝的历史走向。

## 01 宋辽暗战

一个文明,无论发展出多么绚烂的文化、多么昌盛的经济,如果没有保护自身的相应的军事实力,就注定成为悲剧。宋朝就是这样一个例子。宋朝与辽金的战争一直都是人们关注的焦点,但我们现在要带大家看看历史上宋王朝鲜为人知的一个亮点——一直处于优势地位的辽国在贸易战中从未能赢过宋朝,而宋朝则开创了利用经济手段解决民族问题的先河。

"澶渊之盟"后,宋辽约为兄弟之国,但实际上双方的关系还是"敌属之国",只不过军事战争不打了,却打起了贸易战争。宋辽都想从经济上削弱对方,让对方的财富流入自己国中,于是一场激烈的暗战就此开始。

我们先来复习一下"澶渊之盟"的主要内容:

(1)宋辽约为兄弟之国,辽圣宗年幼,奉宋真宗为兄,后世仍以齿论。

(2)宋辽以白沟河为界,双方撤兵;此后凡有越界盗贼逃犯,彼此不得停匿;两朝沿边城池,一切如常,不得修筑城隍。

（3）宋每年向辽提供"助军旅之费"银十万两，绢二十万匹，至雄州（今雄安新区）交割。

（4）双方于边境设置榷场，开展互市贸易。

和议的一项重要内容就是开展互市贸易，签约后，宋辽双方在各自控制区内分别开设了若干榷场[1]，将此前因战争时断时续、风险极大的宋辽边贸官方化。双方在榷场设立机构，办理经商认证手续，稽查货物，收取关税，管理和维持市场秩序。通过榷场，宋朝的农产品、手工业品和海外香料源源不断地运往辽国，而辽国的牲畜、皮货、草药、井盐等也陆续进入宋朝百姓人家。其中，宋朝出口的茶叶、香药、犀象、苏木、缯帛、漆器、瓷器、杭稻等商品最多，辽国的出口则主要以羊、马、镔铁刀、北珠为主。

当然，双方也都对一些战略性的商品进行了交易限制，比如辽国的军用战马，宋朝的硫黄、铜铁、弓箭等，都禁止在榷场流通。后来，宋朝还禁止"九经"以外的书籍出口入辽，防止辽国得知"朝廷得失，军国利害"。但是再严格的限购也阻挡不了双方的迫切需求，宋朝需要战马，于是暗中支持商人走私，辽国一方也是如此。比如辽国对宋朝知识技术非常依赖，因此走私书籍的利润就高达十倍，屡禁

---

[1] 宋、辽、金、元时在边境所设的同邻国互市的市场。场内贸易由官吏主持，除官营外，商人需纳税、交牙钱，领得证明文件方能交易。榷场有着严格的操作流程和交易限制：榷场的管辖权属于所在地区的监司及州军长吏；榷场另设专官稽查货物，征收商税；买卖双方不得直接交易，政府派官牙人（中介）评定货色等级，包揽交易全过程，收取牙税（中介费）；小商人十人结保，每次只能携一半货物到对方榷场交易；战略物资通常被列入榷场禁售范围。

不止，每次汴京出了新书，辽国都要想方设法弄到手，在当时榷场外的走私生意异常红火。

这里穿插一个有趣的小故事。大诗人苏辙曾作为外交使节出访辽国，没想到却在辽国看到了契丹人翻刻的《眉山集》，而当时苏轼的这部诗集才刚刚刊印不久。感慨之余，苏辙寄给兄长一首绝句，调侃道："谁将家集过幽都？逢见胡人问大苏。莫把文章动蛮貊，恐妨谈笑卧江湖。"由此可见当时榷场走私的迅捷。

榷场从表面上看是各取所需的共赢贸易，可实际上宋朝一直处于优势地位，双方的实力呈此消彼长态势。原因很简单：

首先，宋朝经济实力强大，物产丰富，向辽国出口了大量关乎国计民生的商品，使得辽国民众越来越依赖宋朝的供应。相比之下，辽国对宋朝的商品出口就比较单一，通常只有牲畜、矿物等特产。举个例子，宋朝向辽国出口的大宗商品之一是茶叶，辽国人有多爱茶叶呢？据说辽国人一日不喝茶就会生病。结果在陕西和河北口岸，大宋自澶渊之盟以来的茶叶关税猛增十倍，每年宋朝都可以用大量出产的茶叶交换辽国最珍贵的战略物资。宋朝对辽国的贸易顺差越来越大，而辽国即使算上每年得到的几十万岁币，也远远不足以弥补越来越膨胀的贸易缺口，他们的财富就通过贸易战源源不断地流入大宋。这种情况导致的一个重要后果是，辽国的本币在域内流通量逐年减少，对宋朝的货币体系产生严重依赖，后来辽国完全丧失了铸币权，被宋朝掐住经济命脉——王安石放开铜币外流禁令时期，铜币被整船运往辽国，辽国就出现了泡沫经济式的繁荣；宋朝在王安石下台后再禁铜钱，辽国又一下子出现了流动性紧缩，经济遭到重创。

其次，先进文化总是让人难以抗拒。宋辽通商以来，辽国积极学习汉文化，培养大批人才学习汉语、汉字，辽国的百姓也因此移风易俗，开始崇尚中原饮食、服饰和礼乐，不再喜爱弯弓牧马的生活。辽国的文化根底被瓦解，思维方式和意识形态也都更接近中原汉族士民，当然，从积极的一面来看，这也更有利于后世的民族融合。

从1004年直到1125年辽国灭亡，宋辽两国的和平长达100多年。有人可能会说，宋辽两国是互相腐化，最后同归于尽，但至少榷场贸易用温和的买卖代替了暴力的抢夺，这也是人类文明发展进步的标志；而且宋朝用贸易完成了对对手的削弱，成为当时世界上的富庶帝国。虽然最终北宋与辽差不多同时消亡，但南宋又延续了百余年，甚至也把金国纳入自己的货币体系。从这个角度来说，这场持续数百年的贸易战，宋朝确实是当之无愧的赢家。

## 02　铁锅买卖

明朝时期，鞑靼部落虽然在前期明军北伐后退往漠北蒙古高原，但却连年骚扰长城沿线，北方边关战乱频仍。鞑靼骑兵进入明朝边境抢掠财物，明朝付出的代价十分高昂，百姓厌恶战争，纷纷冲破边境的封锁，以私相贸易来平息边事和解决经济困难。

从1534年（嘉靖十三年）开始，俺答汗表示希望向明朝政府纳贡，有时一年派出几十次特使，但是都被明朝政府回绝。求贡不成，俺答汗干脆于1550年（嘉靖二十九年）率兵攻入长城，直趋北京城下，这就是历史上的"庚戌之变"。迫于鞑靼骑兵的威势，第二年嘉靖皇帝终于同意在大同为俺答汗开设马市，蒙古人可以用马匹换取内地的产品。但是不久后，明朝因为俺答汗提出了以牛羊进行贸易的要求而关闭了互市，双方又开始了长达二十年的边境战争。

在明朝大改革家张居正及大学士高拱等人的努力下，明朝一边整军痛打，一边招降鞑靼，最终迫使俺答汗接受了明朝顺义王的册封，宣布十三条和平条款，表示蒙汉世世友好，永不相犯。双方更开始了长城沿线的"互市"贸易，东起宣府西迄甘肃，一共建立起十一处互市，战乱二百年的北方草原终于初现和平曙光。

互市贸易开始后，边境很快呈现一派和平繁荣景象：鞑靼人以马匹、牛羊杂畜和皮毛交换明朝的粮食、布帛和铁锅等日常物资，中原北方和鞑靼的经济困难都得到了很大的缓解。高拱感慨道："数月之间，三陲晏然，曾无一尘之扰，边氓释戈而荷锄，关城熄烽而安枕，而今有之。"

拥有敏锐经济嗅觉的张居正认为互市正是"制虏"的好机会，从哪里入手呢？他的做法是把铁锅贸易的主动权抓在手里。

铁锅的制造技术较为复杂，作为草原游牧部落的鞑靼根本无法制造，此时陆上丝绸之路已没落，鞑靼失去了铁器的来源，因此只能从大明王朝取得所需的铁锅。我们在明朝史书中经常看到这样的描写：鞑靼骑兵入境抢劫，他们最爱的宝物就是铁锅，所到之处劫掠一空，连百姓家灶上的铁锅都要揭下来拿走。鞑靼之所以如此渴求铁锅，一方面当然是为了提升草原人的生活品质，另一方面也是草原部落需要用其熔炼兵器。

深谋远虑的张居正，就抓住了这个关键点下了一盘大棋，他利用经济手段构建了一个战略，成功地将草原纳入控制之中。

当时，张居正去找了大臣王崇古，告诉他以和备战，互市中一定要严格控制铁锅买卖。张居正在《与王鉴川计四事四要》中明确提出：鞑靼要求买锅，锅是铁铸的，日后也可以变成武器，轻易卖不得；而广锅不好回炼，不能铸造兵器，不妨出卖广锅，但需限量销售，买家买的时候要拿破旧的铁锅来换。实际上，铁锅买卖限制执行得还要更严苛，《大明会典》就记载了这样的规定："铁锅并硝黄钢铁俱行严禁，市场定于大同镇，每年一市，每市不过二日。"这就是说，并非每一处互市市场都有铁锅卖，每年只有大同互市卖两天，当年错过了，就只能等第二年了。

当时朝中很多人难以理解张居正"铁锅贸易战"的深意，觉得互市都开了，何必单单限制铁锅买卖，简直是多此一举。但是铁锅贸易还是在张居正的努力下推行下去，而效果也正如张居正所料——限制铁锅销售，慢慢地消除了威胁和平的因素。总是烽烟四起的长城沿线，此后近百年里互市贸易红红火火，百姓安居乐业，还诞生了很多有名的商帮与贸易线路，互市贸易进一步助推了明朝"隆万中兴"的辉煌。

张居正这个政策实施后，失去了武器的蒙古逐渐走向灭亡，被努尔哈赤灭了国。世道轮回，后来努尔哈赤用人参打赢了贸易战，最后灭了明朝，不过这又是另外一个故事了。

## 03　人参之战

努尔哈赤是女真族的可汗。他统一了女真族，建立后金，是中国历史上一位出色的军事家和政治家。其实努尔哈赤还非常重视经济发展，他带领女真人通过"马市""贡市"等互市商贸活动，完成了财富的原始积累，不断发展壮大，最终成为大明王朝的掘墓人。

女真是生活于东北地区的古老民族，是满族的前身。女真人耕猎并重，地区盛产人参、皮张、马匹、东珠和海东青等，而关内的铁器、耕牛、布匹、食盐等是他们所稀缺的，因此对于大明朝廷允许的"马市"非常看重。

明朝在辽东开设马市的初衷是为了加强边防、巩固与女真各部的关系，同时也可以满足自身对战马的需求。明王朝认为，边疆各族"服用之物，皆赖中国，若绝之，彼必有怨心，皇祖许其互市，亦是怀远之仁"，明朝相信与女真人互市能达到"不战而驯拢之"的效果。这个政策理论上没错，但是执行后所产生的效果却出现了重大偏差。

在明王朝的支持下，辽东马市越来越繁荣，逐步由单一的马市发展为大型综合市场，商品的种类也日益增多，女真人出售貂皮、人参、蜂蜜、木耳、蘑菇等狩猎和采集品，汉族则出售布匹、丝、陶瓷、米、盐、铁锅、铁铧等生产生活用具。

互市让女真族获益良多，通过贸易他们不单单获取了粮食、布匹等生活必需品，还引进了耕牛、铁制的农具及先进的农业生产技术，"户知稼穑，不专以射猎为生"，由采集、狩猎进入半农耕和农耕社会，女真族聚居区从不会耕种的粮食进口区变成了粮食出口区。努尔哈赤还通过马市贸易将买回的铁器改制成兵器，通过学习汉人的生产方式学会了冶铁，大大提升了女真人的战斗力。更重要的是，这种互市贸易还成了女真人学习汉文化的重要窗口，他们从汉族的书籍中汲取营养，开阔视野，升华思想认识，实现了跨越式进步。

相反，明朝却因为互市陷入了奢靡消费的旋涡。明朝在互市中大量采购人参貂皮等奢侈品，以此满足富裕阶层的消费欲望，最终也导致国库家财的流失，助长了浮夸和腐败，而最终腐败的成本又转移到了普通百姓身上，进一步加剧了明朝的统治危机。

人参贸易是女真经济的重要支柱，明朝曾经想用人参贸易来压制女真——对女真实行经济制裁，关闭人参贸易，女真的人参将大量滞销并毁坏，经济来源断绝，最后就只能向明朝乞降。但是努尔哈赤却破解了明朝的招法，在人参贸易战中大获全胜，不用武力就打败了明王朝。

人参是中医中药中的圣品，古人相信人参甚至有轻身延年的功效，因此价格高昂。民间医用人参主要是东北地区的野生人参，当时称之为"辽参"，在互市贸易中，辽参也是最受汉人欢迎的商品，交易量和交易金额巨大。大到什么程度呢？当时的人参价格大约每斤在15至20两白银，而每年交易量有几万斤，年交易额达到几十万两。这是一个惊人的数字，难怪时人说努尔哈赤"擅貂参之利"。

巨大的贸易顺差使努尔哈赤的实力不断增强，明朝在辽东的地方官也向朝廷报告说"努尔哈赤日骄"。为了遏制日益强大的努尔哈赤政权，明朝决定对努尔哈赤实行经济制裁，具体办法是严格限制人参交易的规模，同时打压人参价格。

在人参贸易战初期，这个方法还是很有效的，因为当时女真人还没有掌握人参的长期储存方法，在用水冲洗过后，人参极易腐坏，不能及时交易，就只好白白任其发霉。贸易战开始后，努尔哈赤对明的人参贸易几乎停滞，大量新采挖的人参卖不出去，一两年间就腐烂十几万斤，造成了巨大的经济损失。无奈之下，女真人只好向明朝商人屈服，忍痛廉价出售，甚至主动压低价格只求脱手。

尽管在贸易战中处于不利地位，但努尔哈赤并没有屈服，他也不愿放弃巨大的人参外贸收入。他很清楚人参是汉人非常喜爱的珍品，在关内，人参的价格几乎与黄金不相上下，这一点并没有改变，只是因为女真无法长期储存人参才会受制于人，而这一点是可以改变的。经过不断的试验和请教有经验的挖参人，努尔哈赤终于发明了一种用沸水焯人参再晒干的保存方法，既可以长期存放不发霉，又不影响药效。于是明朝对人参贸易的打压就被破解了，努尔哈赤的人参加工方法不仅帮他渡过了难关，而且也让女真人对他非常感激，这样一来，他的政权自然也更加巩固。

值得一提的是，努尔哈赤在人参贸易战中获胜后，并没有被胜利冲昏头脑，他依然按期纳贡，在表面上与明朝维持君臣关系，一方面增强自身实力，另一方面用人参貂皮等奢靡物消耗对方，等待进剿时机，可谓高瞻远瞩、深谋远虑。

当下，经济制裁、贸易战在很多时候已经替代了军事打击，努尔哈赤与明朝的人参贸易商战，也可能会给我们一些启示和借鉴。

# 第三章

# 白银帝国的衰亡之路

虽然历史上曾被称为白银帝国,但我国实际上是一个"贫银"国家,之所以能在数百年间维持银本位,靠的就是海外白银——全球白银因为茶叶贸易而流入中国,仅在1700年到鸦片战争前,从欧洲、美洲运往中国的白银就达一亿七千万两。进入清代后,白银继续流入中国,但是后来情况发生了巨变,闭关锁国也挡不住门外强虏,硝烟裹挟着贸易战一同炸响,东西方文明发生了难以避免的冲突与碰撞。

## 01　中俄贸易

提起清朝的对外贸易，我们通常会想到的是"一段屈辱的历史""闭关锁国""被迫开放口岸"等，实际上清朝也有过短暂的辉煌，比如在乾隆时期，清朝就曾对沙皇俄国发起过三次"贸易战"，迫使俄国人屈服。

故事要从1792年说起。恰克图是中俄边境的一个商贸城市，1727年，中俄曾经在这里签署过《恰克图条约》，俄国从这个条约中攫取了领土[1]、贸易、宗教等方面的巨大利益，双方还约定在恰克图地区开辟贸易点，进行通商。和约签订的第二年，恰克图就作为边贸"特区"开放，交易迅速开展起来，繁荣程度不逊色于广州，当时西方人甚至把该地区称为"沙漠威尼斯"。恰克图的边贸对俄国经济影响巨大，因此中俄边境有了较长时间的和平。

但是好景不长，到18世纪50年代后期，中俄双方发生了摩擦，爆发了第一次贸易战。双方关系之所以迅速恶化，是因为当时俄国拒绝

---

[1] 将贝加尔湖以南及西南约10万平方公里国土割让给俄国。

交出逃到俄国的准噶尔叛军，他们还违反规定，向中国商人征税。因为交涉无果，震怒的乾隆皇帝就拿起了贸易战的武器，下令断绝与俄国的贸易，并且严查边境走私。

天子之怒不容小觑，乾隆决定重惩俄国，贸易战进行得特别坚决，当时清朝监办大臣丑达等人为了私利，在恰克图私自贸易，乾隆知道后将其就地正法，以儆效尤。很快，贸易战的效果呈现出来，6年时间，俄国经济损失惨重，据俄国海关统计，1762年双方交易额达到108万卢布，而1766年骤降到了4.4万卢布，国库收入大幅减少。无奈之下，俄国向清朝屈服，双方签订了《恰克图条约补充条款》。

这次贸易战维持了十年的和平，1778年中俄双方又爆发了第二次贸易战。事件的导火索是俄国商人走私贩运马匹，被清朝巡逻士兵人赃并获。清朝派人通知俄国后，俄方的态度却非常傲慢，拒不审理犯人，此时又传说有数千人跨越边境进入俄国，于是乾隆下令关闭恰克图互市。这一次，俄国反应较为迅速，他们撤换并处理了责任人，互市只停市不到两年时间。

第三次贸易战发生在1784年。起因是有俄国人潜入清朝境内抢掠。清朝要求俄国按照《恰克图条约补充条款》的规定审理此案，将犯人在该犯所属国之一的边境当众斩首，并处以十倍罚款。但俄国却只是草草处理了事，激起了清政府的不满，于是乾隆第三次下令停止对俄贸易。这一次的贸易战持续了八年时间，俄国最后不得不软化态度，完全接受清朝方面的要求，双方签订了《恰克图市约》，俄方保证认真处理官员违约和各类越境犯罪行为。

从三次贸易战的结果来看，都是清朝以贸易为手段，迫使俄国屈服，清朝大获全胜，但这也不过是没落残阳最后的一丝光亮。这三次贸易战暴露出了许多问题。

比如，贸易战中有一个细节：俄国进口的大宗商品中，包括中药大黄，清朝人弄不清楚俄国大量购进大黄的缘由，以讹传讹地说俄人肠胃不好，需以大黄排毒通便，否则就会丧命。清朝廷相信了这种荒谬的说法，自以为抓住了关乎俄国民生的战略物资，在贸易战中屡屡用大黄制衡，逼迫俄国就范。每次关闭边贸，乾隆皇帝都要严令禁止大黄出口，严禁走私大黄，"一经发觉，即从重治罪"。其实这完全是个误会，俄方之所以看重大黄，只是因为大黄贸易利润丰厚，根本不是什么"治病之要药"。当时恰克图市场上每普特[1]大黄能卖到16卢布，加上把大黄运到圣彼得堡的运费成本也就30卢布，而俄国人将大黄转销到欧洲其他地区，每普特可卖到65卢布，利润已经翻倍了。但"大黄、茶叶制夷"之说在清朝却深入人心，以至于控制大黄贸易成了清朝国防战略的重点之一，其重要程度甚至超过了"枪炮制夷"。

这是一件既可笑又危险的事，一旦外国人能得到其他比贩卖大黄更大的利益，用大黄来要挟对方就完全没有作用了，茶叶也是同样的道理，后来的鸦片战争就证明了这一点。

还有一个细节，《恰克图市约》第一条写着"恰克图互市于中国初无利益，大皇帝普爱众生，不忍尔国小民困窘"，语气中充满了天朝上国的傲慢，对俄国不屑一顾，完全不知道欧洲已经开始了第一次

---

[1] 普特是沙皇时期俄国的主要计量单位之一，是重量单位，1普特约合16.38千克。

工业革命，先进的科学技术才是第一生产力，强大的国家实力是贸易战的基础，如果当时清王朝能够意识到这一点，也许就不会有之后的百年沉沦。

## 02　茶叶战争

　　中国的茶叶输出贸易开始得很早，公元6世纪，茶叶就随着商人的驼队传到了中亚。到了元代，蒙古人建立起了贯通欧亚的大帝国，茶文化也迅速地在阿拉伯半岛和印度传播开来。到了清朝时期，中国茶叶通过海运输往了许多国家。

　　围绕着茶叶贸易，曾经发生过许多的贸易、外交、军事争端甚至战争，比如16世纪，荷兰和葡萄牙曾经展开过贸易战，英国和法国曾引发外交纷争，等等。有些我们后文还会详细讲到，而在这里我们重点要说的是清政府与英国的茶叶贸易战。

　　英国人爱喝茶这件事全世界都知道。其实，茶叶最开始在欧洲是被当作医治昏迷、虚弱、胃肠疼痛的药品，之所以能风靡整个英国，是因为后来茶叶被作为奢侈品推荐给英国皇室。英国皇室以饮茶为荣，贵族们也纷纷效仿。从17世纪开始，茶叶成为英国人最爱的饮品，上至贵族皇室，下至乞丐仆人，都将喝茶作为一天的必修课，而到了18世纪，英国人无论男女老少，每人年均可消耗一磅以上的茶叶。英国民谣中甚至唱道："当时钟敲响四下，世上一切为茶而停。"英国人对饮茶的痴迷程度可见一斑。

数据显示，18世纪20年代之前，英国的茶叶年进口量还不足100万斤，然而在之后的几十年，茶叶进口量迅速蹿升，年平均进口量增加到200万斤。茶叶开始成为中英贸易中最重要的商品，一度占到英国进口货物总值的92%，而茶叶在英国的售价也比其他国家更高，利润巨大。当时，英国进口茶叶由英国东印度公司垄断，其他国家的茶叶进来得征税，税率最高达到127.5%。

到了18世纪60年代，英国与清政府的贸易不断扩大，但是严重的贸易差问题也显现出来。中国茶叶每年输出达1800万斤，而欧洲输入中国的洋布、钟表等少量商品，价值不抵中国出口商品的十分之一。当时往来中国与欧洲之间的商船，离开中国时，装的是满满的货物，来到中国时，只有一半的商船运货，另一半商船只能装黄金和白银。

巨额贸易逆差，使欧洲的白银严重短缺，甚至诱发了金融危机。英国国内还出现了一批"反茶主义者"，他们宣扬"禁茶"，认为拿着大量白银去购买茶叶是一件祸国殃民的事："耗费大量白银从东方国家进口豪侈的茶叶，有百害而无一利。这些钱完全可以用来修路、建农场、果园，老实说，这些钱都够把农民的茅草屋盖成宫殿了！喝茶不仅伤害身体、伤害经济，甚至还有亡国的危险。""……这是多么荒谬的事啊，连街头的乞丐都在喝茶！工人边干活边喝茶，拉煤的人坐在煤车上喝茶，田地里干活的农民都在喝茶……连面包都吃不上的人竟还喝得起茶……"

在这种情况下，英国迫切希望打开中国市场，扩大出口，平衡对华贸易。于是英国在1792年派遣马戛尔尼使团访华，借着庆贺乾隆皇帝寿辰之机，要求在中国增开通商口岸，降低关税等。使团带来的礼物，几乎囊括了当时欧洲工业文明的全部精华：军舰模型、望远镜、连发枪、自鸣钟、玻璃灯、地球仪、天体仪、乐器，甚至还包括热气球和榴弹炮。但是乾隆皇帝认为"天朝物产丰盈，无所不有，原不借外夷货物以通有无"，对他们的货物完全不感兴趣，还觉得他们的态度不够恭敬，干脆地拒绝了通商请求。从大历史角度来看，这对于中国来说是一件遗憾的事，因为中国也许可以借着这次机会融入工业革命的洪流中去的。

英国人当然不可能就此罢休，他们努力寻找其他方法抹平贸易逆差，即使这种方法是不道德的。接下来发生的事我们都知道了，英国建立了一个三角贸易区，向中国大量出售鸦片。具体做法是，英国向印度出口纺织品，换取印度农民种的鸦片；接着英国把印度鸦片运到中国，换取白银；最后，再用白银换茶叶，运回欧洲销售。到了1820年，英国就已经扭转了对华贸易逆差，每年销往中国的鸦片从2000箱递增到40000箱，截至林则徐禁烟时，输入中国的鸦片价值约两亿四千万两白银。借助鸦片贸易，英国不仅扭转了中英贸易逆差，还获得了大量中国的茶叶。

随着鸦片的大量输入，清朝上下一片乌烟瘴气，从达官贵人到士农工商，大量的人染上吸鸦片恶习，不但中国人体质下降、精神状态萎靡，还导致白银外流，铜钱贬值。有数据显示，19世纪初，一两银子约合铜钱1000文，等到了鸦片战争前夕，银钱兑换率竟达到了每两1600文，清朝的经济受到了严重干扰。

意识到了问题的严重性，道光帝决定禁烟。没想到英国不但拒不配合，而且态度跋扈嚣张。震怒之下，道光帝决定终止与英国的贸易，"区区税银，何足计论"。作为茶叶的出产国，中原帝国曾在茶马互市中占尽先机，清政府认为这一次也会如此，但是他们失算了。在与中国的贸易中，茶叶贸易税收达300多万镑，为英国财政收入的十分之一；鸦片贸易税收则达200多万镑，为英属印度殖民政府收入的十分之一。这样的巨额收入，英国怎能轻易放弃？为此，英国出动军舰，远渡重洋，发动了侵华战争。坚船利炮下，大清帝国被迫签订城下之盟，割地赔款。这就是1840年的鸦片战争，也是中国那段屈辱近代史的开端。

中国的损失还不仅如此。1848年，英国植物学家跑到中国寻找最优良的茶叶品种，大量的茶苗被运到印度和斯里兰卡，茶叶长城轰然倒塌——中国的茶叶资源垄断被打破，不再是世界茶叶市场的唯一供应国，甚至中国出产的茶叶被视为茶中次品，到了1894年，华茶进口仅占英国茶叶消费的24%。

## 03 抵制美货

清朝曾长期奉行闭关锁国政策，不仅禁海运，《大清律例》中还严禁华人出洋。鸦片战争后，列强不但迫使清政府敞开国门，开放市场，还得到了一项重要战果，那就是迫使清政府允许华人出洋务工，华工正好可以填补因黑奴贸易被禁后出现的劳动力缺口。处于经济蓬勃发展期的美国就引入了大量华工（其中有相当部分是被诱拐、绑架的）。其后，美国人对法案多次修订，排华的政策一次比一次严厉。正是这种歧视中国华工的排外政策，导致了1905年抵制美货运动的发生。

华工刚进入美国的时候，受到了美国的热烈欢迎和接纳，因为彼时美国刚刚开始"淘金热"，严重缺乏劳动力，于是一大批华工加入到了"西部大开发"中。金矿开采完后，十万华工又转去铁路、林场、农场、牧场、餐饮和洗衣等行业，其中大量的华工被引入筑路工地。当时美国急于修建一条贯通东西部的铁路——中央太平洋铁路，在这里，上万名华工用中国人特有的吃苦耐劳与质朴的品质承担了90%的工程总量，在修建唐纳隧道时，华工用手中的镐、锹、锤和撬棍奋战了整整九个月。这条被英国广播公司评为自工业革命以来世界七大工业奇迹之一的铁路完工时，连铁路公司的董事克罗克都在演讲中说："这条铁路之所以能及时完工，在很大程度上要归功于那些贫穷而受鄙视的中国人——归功于他们所表现的忠诚和勤奋。"

就这样，截至1882年，至少有30万名华工进入美国，这些华工为美国经济的繁荣做出了巨大贡献。但是随着太平洋铁路的完工，加上美国遇到经济危机，劳动力开始过剩，大量劳工失业。吃苦耐劳的华人成为替罪羊，遭受种族主义者、欧洲移民的共同打击。美国人和欧洲白人移民抱怨华工抢走了他们的饭碗，由此引发白人劳工对华人的仇视，美国各地特别是西部出现了排华浪潮，1852年加利福尼亚州政府通过"外国矿工执照税法"，高额盘剥华工；1854年，加州最高法院宣布华人不准在法庭作证；1870年12月，旧金山市议会通过《街边挑担法规》，不准市民在人行道上肩挑竹篮走动，违者罚款5元；1876年旧金山又针对华工通过了《洗衣馆法规》，规定不用马车送货者每季需缴税15元。1882年美国出台了《排华法案》[1]，对华工进行排斥和迫害，这也是美国历史上唯一针对某一族裔移民的排斥法案。排华浪潮一浪接着一浪，共和党和民主党为了争取白人选票，都将排华纳入自己的竞选纲领。1902年再度立法延长所有排华法案10年，1904年，美国国会议决，排华法案永远有效。

排华法案给在美华人带来了巨大灾难，针对华人的暴力事件频频发生。1885年怀俄明州发生了"石泉城惨案"，致使20余位华人遇害，多人受伤，华工房屋被焚、财物被掠，令人触目惊心；移民局的小木屋更成为华人的恐怖传说：木屋在旧金山海边，粗木制造，环境恶劣，臭气冲天；口渴了喝冷水，肚子饿了只能吃黑面包，而且还吃不饱；失去行动自由，不能出来一步，据传还曾有华工妇女被关到精神失常。

梁启超在1903年为增加见闻访问美国，他观察了华工的生存状况，在第二年出版的《新大陆游记》中，向国人详细介绍了中国人受到排斥的悲惨状况，此外还介绍了夏威夷的记者陈仪侃提出的抵制美

---

[1] 正式名称为《关于执行有关华人条约诸规定的法律》。主要内容为绝对禁止华工入境十年，其他居美华人，如果没有适当的证件，一律驱逐出境，今后各地均不得准许华人加入美国国籍。

货的构想。

1904年底，清政府签订的《中美会订限制来美华工保护寓美华人条款》不平等条约期满，在美华人与国内民众都强烈要求废除该条约，在舆论的压力下，清政府向美国政府提出改约要求，但美国政府却无理要求续约。国人的义愤达到了顶点，终于在1905年彻底爆发了。

5月，广州的商人们整理了美国产品的商标，呼吁国人抵制美国。广东籍的归侨冯夏威反对签订新约，据理力争，在上海美国大使馆前壮烈自杀，随后广东各地举行追悼集会，抵制运动迅速扩大。上海、天津也都加入进来，上海的商人团体达成一致不购买美国商品。上海总商会召开会议，决议抵制美货，提出抵制美货的五条办法：（一）不买美国商品，不乘坐美国船只；（二）拒绝为美船装货；（三）不入美国学堂；（四）不为美国人开设的洋行当买办、翻译；（五）不给美国人当佣工。此外，上海商会还呼吁国内其他22个通商口岸城市的商会，一起加入抵制美货运动。倡议一出，很快就得到了广泛响应。抵制的地区，包括全国南北二十多个大都市，参与者包括工、商、学生、妇女等，在事实上形成了全方位的抵制美货行动。

中国国内的抵制也得到了海外华人的热烈响应。庇能（马来西亚槟城）、吉隆坡、曼谷、仰光、堤岸、加尔各答、孟买、南非等地华人纷纷致电支持，新加坡、海防、雪兰莪、旧金山、悉尼等地的华侨汇款支持国内的行动。孙中山通过夏威夷的《大同日报》，宣传抵制美货运动的思想。这场由民间发起的对美贸易战，进行得轰轰烈烈。

中国的这次抵制美货运动，让美国人和世界看到了不一样的中国。驻华公使柔克义致电美国总统罗斯福，请其重新评估在中国发生的抵制美货运动，他认为这反映出中国"正在崛起一种新的民族主义精神"；在华有重要商业利益的哈里曼、洛克菲勒和摩根等大财团也开始游说罗斯福，希望其运用总统的行政权力改善入美华人的待遇。

在对待中国人的态度上，西奥多·罗斯福有着严重的种族主义倾向，他坚持认为中国人是一个落后的民族，对中国人"无法无天的行为应该进行惩治"。就在这时，广东发生了5名传教士被杀的恶性事件，美舰以此为借口驶入广州，准备武力解决，好在最后关头生还的传教士家属出来证明，承认该事件与"抵制美货运动"无关。但是经此一事，晚清政府认为民间的行动有些失控了，于是开始强力干预，这场持续了一年多轰轰烈烈的抵制美货运动慢慢淡去。

从经济角度来看，抵制美货运动期间，美国对中国的贸易量减少了40%，中国的工业生产量则获得了一定的提高。但是当时美国对华贸易只占其对外贸易总额的2%，对华投资只占其全部对外投资的3%，因此客观地说，抵制美货运动没能给美国的商业利益造成重大影响。

从政治角度来看，抵制行动的蔓延与持续给美国和各国列强带来了较大震撼，美国虽然没有废除排华法案，但是也采取了一些措施来缓解中国人的反美情绪。美国决定不再要求续订《中美会订限制来美华工保护寓美华人条款》，美国移民局不再进行新的华人驱逐计划，罗斯福下令美国移民局纠正在执行排华法过程中的滥用职权行为，切实保护来美中国学生、商人和游客的合法权利。此外，罗斯福政府还决定退还庚子赔款余额给中国，努力缓和两国关系，以避免中国人的仇外情绪继续滋长。

　　作为贸易战的一种手段，抵制外国货并非只在中国发生过。历史上，美国政府就曾号召民众抵制过英国货、德国货、俄国货、日本货、中国货等；亚洲金融危机时，韩国曾发生大规模的"抵制日货"运动，学生甚至掰断日本铅笔以示爱护国货……在贸易全球化的大背景下，国与国之间的摩擦不可避免，经济民族主义、贸易保护主义也会趁机露头，因此各个国家抵制外国货的情绪和行为也很难真正绝迹。

第四章

# 民国白银危机(1933—1935)

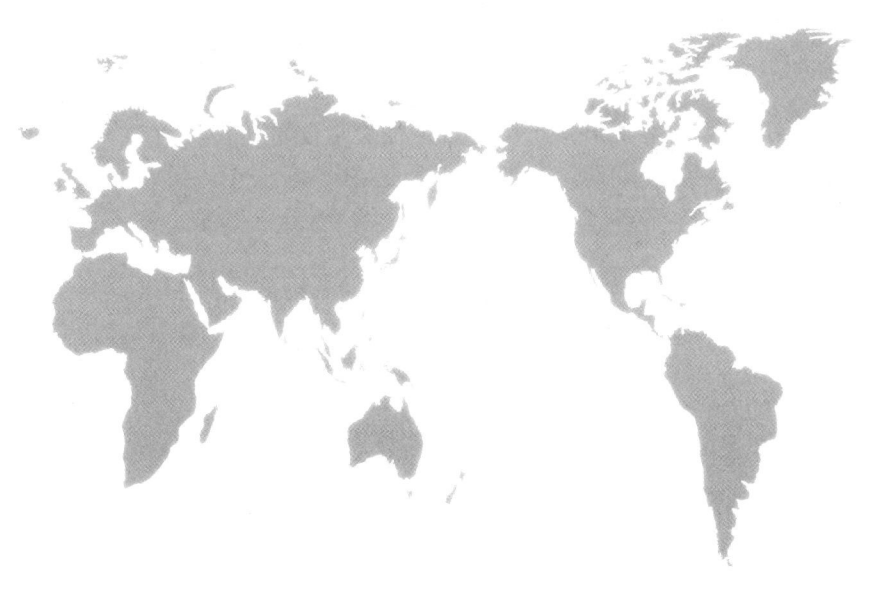

南京国民政府成立后，开始逐渐完善金融建设，但此时中国仍然维持银本位制，而随着中国经济越来越多地融入世界经济体系中，银价波动对中国经济的影响越来越强烈。1929年，西方世界爆发了经济危机，为了转嫁危机，美国出台了白银法案，人为抬高银价，致使中国白银大量外流，国内发生通货紧缩，经济已经到了崩溃的边缘。无奈之下，1935年南京国民政府开始推行法币改革，彻底结束了白银作为中国通货的历史。

## 01 "黄金十年"

前文说过,中国是一个传统的银本位国家,即使在清朝灭亡后,中国仍旧以白银为本位货币。辛亥革命后,民国政府于1913年公布《国币条例》,规定银元为我国的货币单位,但事实上民间是银元和银两并用,此外在一些地区,铜币和一些纸币也在流通。这一时期币制极其混乱,既阻碍了商品交换和贸易发展,也为军阀割据提供了便利的条件。到了20世纪30年代,国民党政府试图结束这种混乱的状态,统一货币。

1933年3月8日,南京国民政府公布的《银本位币铸造条例》规定,银本位币定名为"元";同年4月,国民政府实行"废两改元",发行全国统一的银元,训令中说:"自四月六日起,所有款项之收付及一切交易须一律改用银币,不得再用银两。"新银元按照旧银元的成色来铸造,每块含银88%,含铜12%,每元兑银七钱一分五厘。由此,沿袭了数百年的银两制退出历史舞台,这使得之前的通货种类大大简化,规格、重量、成色统一的新银元成为流通的主要货币。客观地说,这次"废两改元"完成了对币制的有效简化。

当时，中国还处在"黄金十年"[1]，经济增长迅速，中国工业雏形初现，工业投资额迅速增加："自民国十六年以来，七八年之内国人投资一种新工业资本超过百万元者，几如凤毛麟角，而二十四年以后，则百万元之工厂，乃至千万元之工厂，均甚多。如中央机器厂、中国酒精厂、永利公司铔厂，以及最近筹备之各工厂，资本即以千万元计。"

不仅经济繁荣发展，社会文化也在迅速发展，一些以后影响力巨大的大师级人物如鲁迅、胡适、钱钟书、华罗庚也在这一时期崭露头角。1935年，一个美国来华国情观察小组在报告中写道："中国在所有领域里，都在发生巨大的变化；与十年前甚至是五年前完全不同，现代化将给中国带来长达几个世纪的深远影响。"

表面上看，形势一片大好，但是"黄金十年"也危机暗涌。首先，对国家发展至关重要的钢铁制造业、机械制造业并没有大发展，国民政府主要依靠国外大量进口，而在这一过程中，中间经手人大发其财；其次，中国的现代工业，主要还是掌握在外国资本手中，其中日资占有很大比重；再次，"黄金十年"国民党政府热衷于搞工业化、城市化，导致金融资本进入乡土社会推行产业化规模经济，实物

---

1 又称南京十年、十年建设，是学界一种比较流行的表达。指的是1927—1937年间建都于南京由国民党领导的国民政府执政时期，这十年内，工业产值年平均增长9%，是同期日本的三倍。这一时期中华民国在政治、经济、基建、文化、教育、社会政策、边疆民族政策、外交以及军政建设各方面均有新的取向和建树。但同一时期，中国农村却处于严重的危机当中，农民终年不得温饱，处于赤贫状态，死亡率甚至超过了印度。

地租转化为货币地租，传统中国粮食收获后按收成交租，而这一现代化时期地主要求春种前就得交现钱，农民生产生活的货币化压力增大，在事实上摧垮了当时的乡土社会，导致农民大量破产；最后，20世纪二三十年代，西方资本主义世界陷入了严重的金融危机和经济萧条中，中国如何能独善其身？

1934年下半年，还沉浸在经济快速发展美梦中的国民政府突然发现自己陷入了一场生死攸关的金融危机：白银大量流出，先是银行、钱庄及工商企业大规模倒闭，各行业迅速走入萧条，最糟糕的是农村经济，可谓全面破败："鲁东向称富庶之区，地价每亩百元者，刻已低落至四五十元；鲁西、鲁南贫瘠之区，向之每亩五十元者，刻竟落至二十元或十元尚无人过问，农民破产之普通、痛苦之深刻，实为近古以来所未有。"

导致这场危机的最直接因素不是来自国内，而是来自国外，将中国推入严重金融危机中的正是美国的《白银收购法案》。

## 02　白银风潮

风起于青蘋之末，浪成于微澜之间。

1918年"一战"结束后到1928年是美国的黄金发展期，美国靠着欧洲的重建发了一笔战争横财，普通美国人生活幸福，衣食无忧，还大量购进如电烤炉、洗衣机等新奇的电器，富豪们纸醉金迷、夜夜笙歌，美国的国力空前膨胀。对此感兴趣的读者不妨参看《了不起的盖茨比》中的描写。但是随着欧洲有效需求下降，美国经济开始走向泡沫：金融资本主义出现，一些少数持股者掌控了众多公司；信用膨胀，银行业对证券市场的信用扩张和证券市场的保证金制度造成了过度信用交易；金融泡沫泛滥，存在大量资质参差不齐的"信托投资公司"，此类公司后来吞噬了美国人的大量储蓄……危机的不断积累终于引爆了炸弹，1929年10月28日，美国股市崩盘，正式揭开了美国金融危机的序幕。

更糟糕的是，金融危机爆发后，以美国为首的金本位货币制度[1]导致了危机迅速向世界其他国家蔓延。

彼时，中国虽然因为银本位（对外贸易使用白银结算）而独立在危机之外，但是隐患也不小。因为中国每年的银产量并不高，一旦国际银价浮动过于剧烈，使用银元作为主币的中国货币体系必然会受到世界银价涨跌的影响，进而影响整体经济运行。

1929年的大萧条导致白银价格急剧下降，由1928年的每盎司58美分下降到1930年的38美分，而到了1932年下半年，更是下降到了25美分。1933年，英国签署了《伦敦白银协定》，英国脱离金本位。而为了转嫁危机和继续掌控世界金融，美国在1934年6月通过了《白银收购法案》，这个法案主要涉及国际市场以美元计算的白银价格，国际白银价格被迅速炒高。国际银价的异常上涨给中国经济和币

---

[1] 两次世界大战之间，世界上有60个国家采用金本位，以实现国际上稳定的汇率，方便国际贸易和金融交易。大国之中，中国和墨西哥仍在实行银本位。

制改革造成了极大冲击，中国货币对美元的汇价骤然上升，每盎司白银几乎可以换回3倍的美元购买力。中国民众的直观感受是，外国进口的商品一下子便宜了很多，而中国出口的各类商品竞争力却大大降低，白银成了唯一可出口的高利润商品。暴涨的银价让国内外的投机商、冒险家迅速行动起来，他们用轮船甚至兵舰装运白银出口，仅1934年就达2.56亿元。其中8月份最严重，运输出口的白银高达7900余万元，仅8月21日这一天，汇丰银行就交英国轮船从上海运出白银1500万元。国民党政府看到了问题的严重性，开征白银出口税和平衡税，还采用严刑峻法杜绝白银走私，但是这些措施都收效甚微。从1934年4月至1935年11月，中国的白银储备（银元），一下子从6.02亿万元降到了2.88亿万元。这是一个惊人的数字！

作为银本位国家，白银的大量外流自然造成了严重后果。首先是各大城市人心不稳，相继出现白银挤兑风潮，银行银根收紧，不再放贷，一些银行甚至不得不宣布停业；其次，美国商品借机在中国大量倾销，造成中国贸易严重入超；最后，白银大量外流造成中国通货紧缩，物价不断下跌，很多工商企业无法正常生产经营，因而迅速倒闭，工人失业，商业萧条，国民经济完全脱轨了。

我们可以看出，美国的《白银收购法案》本质目的就是刺激银本位国家的购买力，以便倾销剩余产品，缓解本国的经济危机。因此接下来发生的事情也就不奇怪了：1934年9月22日，中国驻美公使施肇基照会美国国务院，表示"近来……白银巨量流出，令人震惊……故愿得一言保证，即美国政府不取可使中国白银再有流出之行动，并与中国合作……阻止银价高涨。"财政部部长孔祥熙也直接向罗斯福总统喊话，希望美国在购入大数额的白银时提前告知中国，以便中国能够做出反应。但是，罗斯福拒绝了中国的这些合理请求。

在国内，国民政府为了阻止白银外流，不断推出新政策，但却始终不能解决白银问题。万般无奈之下，1935年国民政府开始推行法币改革，以此挽救处于崩溃边缘的中国经济，而白银作为中国通货的历史就这样结束了。

## 03　法币改革

美国《白银收购法案》出台，对中国发起了一场没有硝烟的贸易战，使中国经济迅速恶化，当时的一些金融界人士甚至预测，如果这种情况持续下去，中国的经济可能在数月之内全面崩溃。到了这个时候，除了改革币制进行反击，中国已经无路可走。

中国在一个不是很合适的时间被迫进行了一次匆忙的币制改革，时任国民政府财政部部长的孔祥熙就曾经说过："因汇兑上落不定，商业大受影响，政府乃是不得不采取币制上根本之改革。"

1934年11月，国民政府开始筹划币制改革，放弃以白银作为货币，发行纸钞（法币）。币改方案的核心思想就是白银国有、集中发行，并建立汇兑本位制。短短一年后，也就是1935年11月3日，国民政府发布了《财政部关于施行法币布告》，宣布实施货币改革。货币改革令规定，完粮纳税及一切公私款项的收付只能使用法币，不能使用银币；收拢货币发行权，规定以中央银行、中国银行、交通银行、中国农民银行四行的钞票为法币，其他银行发行的钞票限期兑换中央银行钞票；强制将全国白银收归国有，规定银钱行号商店及其他公私机关个人，均不得保留银币、金银。

这次币制改革，国民政府需要解决两个难题：

第一，白银国有，促使民营银行及民众上交白银。

11月15日，财政部公布了《兑换法币办法》，要求银钱行号、商店、公私团体及个人持有的银币或银块，都要在3个月内兑换成法币。但政府接收民营银行白银时并不支付溢价，而同时期国际银价比国内高出三分之二。这样的兑换方案是没有什么吸引力的，为了鼓励民营银行上交白银，国民政府又给出了一项优惠政策——在支付纸币时，各银行只需要缴存相当于纸币价值60%的白银，另外40%由银行使用政府公债、股票和公司债券来补偿。这样就提高了民营银行的积极性。到1936年年中，国民政府大约从个人和银行集得了价值3亿美元的白银，仅民营银行就贡献了2.25亿元。国民党政府将这些白银运往英美换取外汇，作为法币的准备金，稳定了法币值，并增强了它在国际金融市场上的活动能量。

第二，避开列强的算计，获得资金支持与政策支持。

币制改革需要解决的一个重要问题就是获得其他大国的支持，如果在华外国银行拒绝使用法币，继续以白银支付，不愿将库存白银交由政府收购，则法币将面临严重的信用危机。因此一场博弈开始了。

国民政府最开始选择向英国求助，并曾向其请求贷款2000万英镑。但是英国虽然对中国的币制改革持欢迎态度，并帮助国民政府在伦敦市场上销售白银来筹集外汇，但却顾虑日本的态度拒绝贷款给中国，甚至还提出，要获得这笔贷款，中国必须先承认伪满洲国。

日本明确反对南京国民政府的法币改革，日本驻华银行皆拒绝交出白银，还积极走私白银，并多次突击套汇，试图迫使国民政府选择将法币与日元挂钩。

美国愿意支持法币改革，要求是中国外汇储备存于美国银行，改革由美国顾问指导，新货币必须与美元挂钩。经过激烈的讨价还价，中美双方于5月中旬达成《中美白银协定》。主要内容包括：美国将从中国购银7500万盎司，价格根据当时的市场确定，可以以黄金或美元支付；中方的售银所得必须存放在纽约的美国银行；以中国存在纽约的5000万盎司的白银作抵押，美国联邦储备银行向中国提供2000万美元的外汇基金等。就这样，中国加入了美元集团，而美国实现了其控制中国金融市场的目的。

法币改革虽然不够完善，但在当时确实起到了重振经济的目的，几个月的时间就出现了几十年来未曾有过的贸易顺差。此外在币制改革时，国民政府进行了变相的货币贬值（银币一元兑换法币一元，实际兑换时是用白银60%、票据40%兑换），货币流通量大大增加了。物价回升，刺激了工商业发展，经济再现繁荣景象。

讽刺的是，美国耗资15亿美元发起的这场贸易战，是一场真正的

"双输"——在中国引发了一场巨大的金融危机,并产生了后患[1];而作为发起者的美国政府,也并没有从中得到多少好处,最后真正的赢家是日本人[2]。贸易战很多时候就是这样,各国的经济金融联系日渐紧密,牵一发而动全身,两个国家的经济贸易博弈,产生的后果很可能是斗者双输,渔翁得利。

---

[1] 指1937—1945年的法币恶性通货膨胀。因为中国是在国内白银大量外流、通货紧缩加剧和生产下降等诸多因素挤压之下,被迫放弃银本位,实行法币,彻底改革了中国的货币制度,这导致了法币的先天不足,致使中国日后踏上了恶性通货膨胀之路。美国著名经济学家米尔顿·弗里德曼就对此评论说:"如果不是美国抬高银价,中国将可能在晚些时候放弃银本位,比实际发生的情况晚上好几年,等到政治和经济状况都比较好的时候再进行货币改革。"
[2] 日本通过走私和劫掠中国的白银并在伦敦等地出售而增强了国力,进一步提高了自身的军事实力。

第五章

# 香料贸易与大航海时代

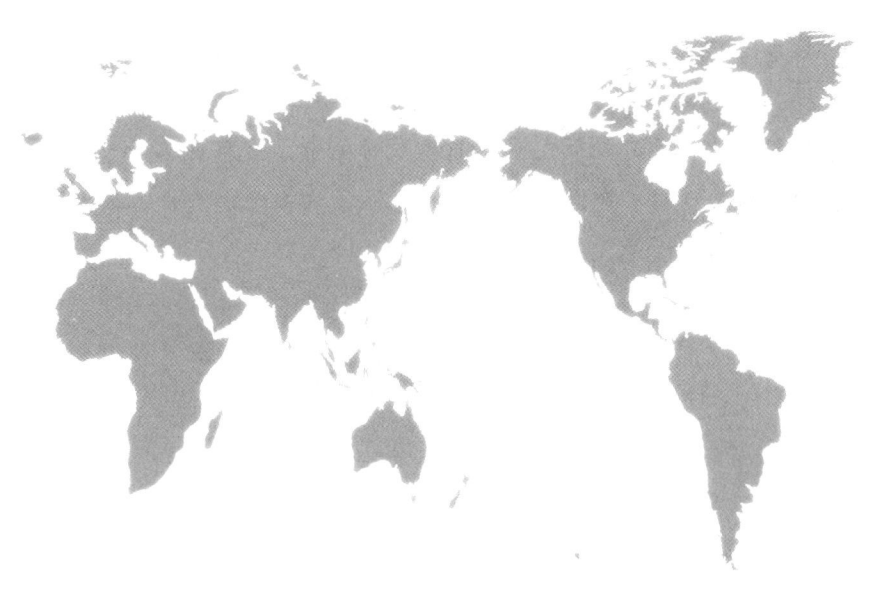

香料贸易在人类贸易史上一直占有重要地位，尤其是中世纪的欧洲，香料几乎成了与黄金等价的财富，对香料的渴望甚至直接催生了地理大发现。15世纪前，威尼斯牢牢把控着香料贸易，商人从埃及人那里买下来自印度尼西亚、中国、斯里兰卡和印度的香料，然后转卖到欧洲其他各国，从中牟取暴利。到了16世纪，葡萄牙统治了东印度的香料贸易，17世纪的荷兰又取代葡萄牙掌控了香料贸易……走马灯似的霸主轮换背后，隐藏着葡、西、英、荷等西欧诸国对于贸易权及殖民地的明争暗斗。

## 01　香料之路

香料的英文是"Spice"，来自拉丁语中的"Species"，用以形容昂贵而稀少的物品。没错，在中世纪的欧洲，香料就是高贵的奢侈品。它包含姜和辣椒之类的作料，还有丁香、肉桂、胡椒、茴香、肉豆蔻，以及芬芳的甘松香、可以去腥的檀香、龙涎香、樟脑和苦艾等。在《圣经》"雅歌"中，所罗门王也借香料称颂美丽的少女新娘："我的爱人，我的新娘，你是关锁的园，禁闭的井，封闭的泉源。你园内所种的结了石榴，有佳美的果子，还有凤仙花与哪哒树。有哪哒和番红花，菖蒲和桂树，并各样乳香木、没药、沉香，与一切上等的果品。"

在古代欧洲，香料的用途非常广泛，不仅可以用于巫术仪式、咒语、净化、防腐、化妆、香水、治疗，甚至春药和毒药，还用来烹饪、食物贮存和调味。最常用的肉桂就是一种敬神祭祀仪式上的主要香料，同时也是一种感官奢侈品。人们甚至相信，香料是介于今生与来世、天堂与凡尘之间的东西。在这样的观念加持下，香料就不仅是制作食物的必需品，还是地位和荣耀的象征，当时香料的昂贵程度可能会让你大吃一惊：一斤藏红花的价格能够买到一匹马，一斤生姜抵得上一只羊，二斤肉豆蔻就能换来一头牛。当时人们在谈到一个卑微的小人物时，会轻蔑地说"他连胡椒都没有"。香料的稀缺以及能够带来的巨大利润，令西班牙、葡萄牙、英国、意大利等欧洲国家纷纷卷入到了海上香料贸易的争夺中去。

阿拉伯人最早发现了香料的价值，这些香料不仅象征着东方的奢华和文明，而且还是一种适合长距离运输、具有高价值的交易品。12世纪左右，阿拉伯人将香料以高价卖向欧洲，在整个运输香料的路线中，阿拉伯人控制了当时唯一的水上和陆地的联运地段，并征收高达商品价值35%的关税。为了保持对香料的垄断地位，阿拉伯人甚至编造了种种说法，来掩盖香料的真实来源。比如当时就有一种说法：肉桂生长在猛禽的巢穴里，很难见到，只有当巢穴掉下来，人们才能采集到。

从香料中获利的不仅是阿拉伯人，作为中世纪第一个单纯以贸易为生的欧洲城市，威尼斯凭借着亚得里亚海的地理优势，击败同样野心勃勃的热那亚人，在君士坦丁堡[1]还没有陷落之前，通过买通埃及统治者，与阿拉伯世界达成了贸易协定，香料的价格人为地更加昂贵，数据显示，当时西欧与南亚之间的香料价格相差达20倍之多。穆斯林商人从陆路沿旧丝绸之路，或者从水路经过印度洋和红海，运载香料到开罗或者君士坦丁堡。从这些城市，威尼斯商人将香料运往

---

[1] 土耳其最大城市伊斯坦布尔的旧名。

欧洲其他地区。就这样，威尼斯霸占了地中海到亚历山大港之间的航道，做起了中间商，成功垄断了欧洲的香料贸易三百年之久。在此期间，欧洲对香料的需求量越来越大，香料价格跟着水涨船高，威尼斯人更是大发横财。

香料的暴利让人难以抗拒，对香料的渴求让宗教狂热者变得世俗和功利，于是围绕着香料贸易，我们看到了钩心斗角，看到了明争暗斗，也看到了流血牺牲。

## 02　财富之城

在历史课本上我们学到，十字军东征是一次宗教性军事行动，是由西欧的封建领主和骑士以收复阿拉伯穆斯林入侵占领的土地的名义，对地中海东岸国家发动的战争。从1096年至1270年，持续了近两个世纪之久。那么，十字军东征真的是由宗教狂热驱动的吗？无利不起早，至少我们知道作为纯粹的商业共和国的威尼斯，不会只是因为信仰而参与东征行动。威尼斯一手策划的财富之城君士坦丁堡的陷落，就证明了这一点。

在第四次十字军东征中，十字军攻陷了对基督教有狂热信仰的君士坦丁堡，他们还在君士坦丁堡大肆劫掠，并在君士坦丁堡建立了拉丁帝国。虽然1261年拜占庭帝国重新夺回了君士坦丁堡，但拜占庭帝国已经难以恢复到1204年以前的辉煌了，从此之后便一蹶不振，直到1453年被奥斯曼帝国灭掉。那么，十字军为何会背离原本的目标耶路撒冷，转而对自己的教友伸出了屠刀呢？

事情还得从威尼斯说起。威尼斯曾经从属于拜占庭帝国，但是后来逐渐脱离了拜占庭的控制，甚至还在地中海东岸与拜占庭展开商业竞争。作为东西方陆路贸易的要塞，君士坦丁堡的地位不可动摇的，特别是在香料贸易中，于是威尼斯迫切希望摆脱君士坦丁堡的钳制，扩大自己的利益。

第三次十字军东征结束后不久，罗马教皇就号召组织十字军展开第四次行动。这一次十字军的人数达到了三万多人，要把这么大一批人运到中东去，船队和补给都是大问题，在当时只有威尼斯有实力做到。威尼斯的盲眼总督恩里科·丹多洛从中敏锐地发现了可攫取的巨大利益，于是威尼斯倾举国之力支持了这次行动。

为十字军造船以及运输，威尼斯开出了8.5万银马克的价格，折合23吨白银。这是一个天文数字，十字军无奈之下同意了威尼斯的要求，而且双方签订了《威尼斯条约》，但是没有人注意到，精明的威尼斯人并没有在条约上写明运兵的目的地。

1202年，一部分十字军抵达了威尼斯，但是并没有带来足够的费用。在这种情况下，威尼斯给出了一个建议——十字军可以用替威尼斯打仗的方式支付不足的欠款。这支十字军最初被引导参与的战役，是达马尔提亚的扎达尔城，因为这座城市投向了匈牙利的怀抱，威胁到威尼斯的香料贸易。攻击基督徒显然有悖十字军东征的"朝圣之旅"，但为了让威尼斯人最终把他们运向目的地，骑士们还是同意了其要求，征服并洗劫了这座城市。

威尼斯不费吹毫之力，借他人之手便解决了一个竞争对手，但这只是一次小小的试探而已，接下来，威尼斯人提出了他们真正的要求——进军君士坦丁堡，希望借此重夺爱琴海与黑海的贸易版图。

君士坦丁堡是欧洲大陆上最富裕的城市，而且扼守着黑海与地中海之间的狭窄水道，控制了这座城市，就控制了黑海到地中海的海洋贸易。自建成以来，君士坦丁堡这座财富之城曾经抵御了保加尔人、瓦良格人、阿拉伯人、突厥人、威尼斯人的进攻，从来没有陷落过。然而这一次，君士坦丁堡接连陷落两次。十字军在城里大肆搜刮了三天，凑齐了威尼斯的欠款之外，还发了一笔大财；而威尼斯也达成了自己的目的——控制了黑海与地中海的通道，独霸了这一贸易线路。

讽刺的是，罗马教皇在十字军洗劫基督教城市扎伊尔时，曾愤怒地宣布革除十字军的教籍，而当十字军占领了大名鼎鼎的财富之城君士坦丁堡时，教皇却欣喜地给十字军写信，要求他们守住君士坦丁堡，等待教皇派人去抢夺胜利果实，全然不顾君士坦丁堡也是基督教世界的重要一员。

现在再回到我们开头的那个问题：十字军东征真的是由宗教狂热驱动的吗？事实上，1095年11月，教皇乌尔班二世[1]在号召发动十字军东征时所发表的著名演讲"以父之名"中就已经说清楚了："东方

---

[1] 乌尔班二世（1042—1099年），罗马教皇（1088—1099年在位），中世纪四大拉丁神父之一。他出身于一个法国贵族家庭，受过良好的教育，具有敏锐的政治嗅觉，在神圣罗马帝国皇帝的重压下，另辟战场，发起十字军东征，重振了教皇的权威。

是那么的富有，金子、香料、胡椒俯身可拾，我们为什么还要在这里坐以待毙呢？"

## 03　败也垄断

13世纪上半叶，威尼斯凭借十字军的帮助，一度垄断了亚欧贸易，但是好景不长，威尼斯作为垄断者付出了高昂的代价，陷入与热那亚的百年战争，并最终因垄断而步入衰落。

威尼斯通过夺取关键港口，不断扩张自己的势力范围，在之后的半个世纪中，占据了地中海东部几乎所有赚钱的贸易线路。从表面上看，热那亚和比萨似乎已经在竞争中落败了，但事实并非如此。

1250年，在阿卡港，威尼斯人与热那亚人发生了一次冲突，这场冲突最后演变成了一场战争，由此拉开了百年战争的序幕。这些断断续续的战争，耗尽了威尼斯的心力，导致威尼斯不但失去了对君士坦丁堡的控制权，还失去了独霸黑海与地中海贸易路线的能力。最后，这个商业共和国几乎停止了一切贸易，原本庞大的舰队所剩无几，曾经积累的巨大财富烟消云散。

当然，导致威尼斯甚至地中海地区衰落的原因并非只是战争，还有一个重要因素就是新航路的开辟。

就在威尼斯逐渐走向衰落时，新兴的商业帝国如葡萄牙、西班牙却开始了探索通往东方新航线的大探险。为了打破威尼斯的垄断，他们致力于寻找一条绕过地中海的新航路，一场轰轰烈烈的大航海运动因此拉开帷幕。原本平静的旧世界秩序被彻底打破，世界也从此发生了翻天覆地的巨变。

首先行动起来的是西班牙。从1492年到1502年，哥伦布在西班牙国王的支持下带船队去寻找香料，他们横跨大西洋，但前后4次远洋都没有找到他想要的香料，因为哥伦布发现的"印度"其实是美洲。

葡萄牙也紧随其后开始了自己的大航海，他们的运气要比哥伦布好得多。1488年，葡萄牙船队绕过非洲最南端的好望角；1498年5月，经过2万多海里的航行，葡萄牙航海家达·伽马率领的船队绕过好望角，终于抵达印度的卡利卡特港。等到达·伽马返航时，他的船队满载了1700吨胡椒，400吨桂皮、干丁香和肉豆蔻，这些货物的价值相当于整个远征队费用的60倍。由此，欧洲发现了一条前所未有的香料之路。东方商品到达欧洲完全可以不再经过西亚、北非地区和地中海，奥斯曼帝国（包括威尼斯在内的城邦）对东西方贸易路线的垄断也结束了。

印度并不是葡萄牙人的终点，他们仍在追逐更高档的香料——丁香和豆蔻，并且试图控制马六甲。葡萄牙人皮雷斯就说过一句著名的话："控制了马六甲，就扼住了威尼斯的咽喉。"1511年，马六甲被葡萄牙攻占了。至此，海洋上的香料之路终于完全落入葡萄牙人之手。从1498年葡萄牙发现新航路开始，威尼斯的香料贸易就迅速衰落，欧洲人每年消费的胡椒暴增了3倍多，而威尼斯的香料贸易却在13年之间暴跌了75%。

失去了垄断的暴利资源，威尼斯人无比恐惧和焦虑。作为一个成熟的商业共和国，威尼斯具有高超的商业智慧，尽管处于不利地位，但是一直冷静应对，一方面尽力维护好自己原本的商路，另一方面耐心地等待着葡萄牙人出错。得意忘形的葡萄牙果然因为盲目进货和胡乱提价自乱阵脚，威尼斯趁机收复了部分失地。但是这种短暂的"复辟"注定要被历史大潮所碾压，大航海时代的开启使得香料贸易不再神秘，实力强大者纷纷参与香料贸易的抢夺——在16世纪，葡萄牙统治了东印度的香料贸易，17世纪的霸主是荷兰，到了18世纪则是英国。

值得一提的是，大航海时代的开启，也是香料贸易走向衰落的开始。俗话说，物以稀为贵，当一样商品资源稀缺、成本高昂时，不但可以售出高价，还能引起巨大需求；而当这种商品稀缺性下降，资源丰富、成本也降低后，就会沦为寻常之物。曾经贵比黄金的香料也逃不过这个定律，新航路开辟后，香料的神秘性已经消失了，辣椒、咖啡和茶逐渐取代了胡椒等香料的稀缺地位，香料彻底失宠了。

# 第六章

# "海上马车夫"的崛起与衰落

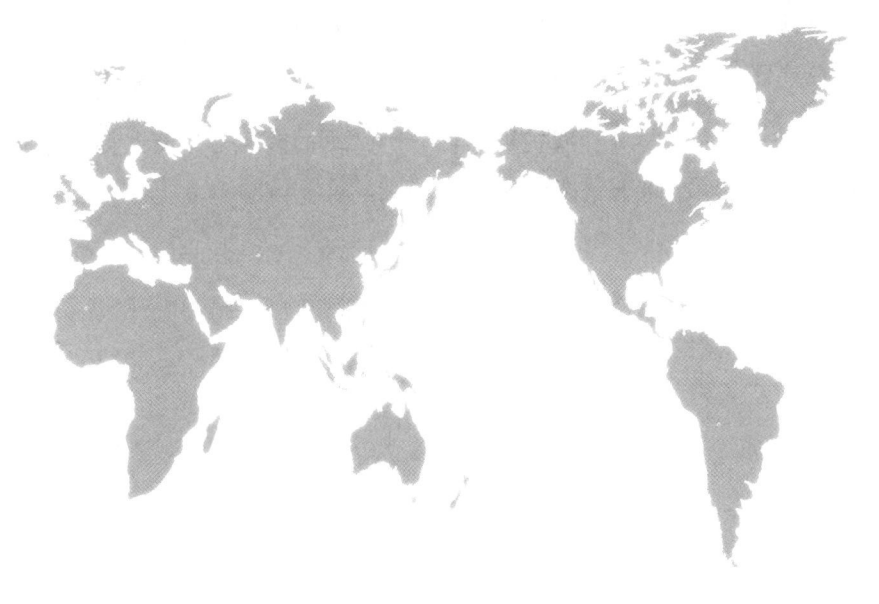

地中海之所以成为第一个世界经济中心,一个重要的因素就在于地中海沿岸国家率先利用海上贸易发展经济,使该地区在经济发展上领先于世界其他地区。海上贸易从它开始的第一天起,就伴随着利益的分割与争夺,除了真刀实枪的战争外,还有关税、补贴、市场竞争等多种贸易战。葡萄牙与西班牙最早依靠海上贸易暴富,随后又衰落了;接下来就是"荷兰的世纪";一个世纪的荣光后,新兴的英国踩着荷兰的肩膀,踏上了新的征程。

## 01 贸易帝国

古希腊、罗马时期便有了国际贸易，在此之后，中亚曾经长期作为世界贸易中心存在，但是只有到了大航海时代，国际贸易的重要性、密度和丰富性才真正得到提升。

当我们说起近代国际贸易，便不能不提到一个国家——荷兰。17世纪是属于荷兰的世纪，那时荷兰是世界上最强大的海上霸主，几乎垄断了世界上绝大部分的海上贸易，还因此被称为"海上马车夫"；荷兰人创造的现代金融体系和经济制度，极大地影响着世界经济的发展；荷兰人的造船业遥遥领先于包括英国在内的欧洲各国……

不得不说荷兰的崛起其实占尽了天时地利人和，是综合因素共同作用的结果。在17世纪之前，荷兰还只是西班牙属地尼德兰[1]的一部分，这块富饶肥沃的土地为当时西班牙王国提供了一半税收，被称为"王冠上的珍珠"。16世纪，以信奉加尔文主义为标志的思想解放运动席卷整个尼德兰大地。经过长达80年的战争，尼德兰北部7省联

---

[1] "尼德兰"意为低地，是莱茵河入海处一大片低地的总称。尼德兰地区物产丰饶，处于北海、波罗的海至地中海的商业要道上，有着发展商业的天然优势。

盟，荷兰共和国就此成立。在我们看来，如果荷兰不是地处于地中海商业要道上，那么它很难聚拢如此多的远洋贸易和内陆贸易；如果不是有"追求财富"这样的商业文化与"敢于赌命"的冒险家精神，荷兰很难形成远洋贸易；当然还有运气——如果没有正好碰上英国与西班牙的两强争霸，荷兰也就很难坐收渔翁之利。

17世纪是一个强者为王的时代，世界性的贸易圈正在形成，谁垄断了海上贸易，谁就垄断了世界贸易，而这个历史机遇就落到了荷兰的头上。

虽然是一个新兴国家，但是荷兰有着发达的造船技术，能造各种规模和样式的船只，同时，荷兰还掌握着相当数量的贵金属，这就为荷兰的贸易活动提供了有利的条件，再加上荷兰人本身就有远洋航海的传统，在有利的国际环境下，一个贸易大国就此出现。当时成千上万的荷兰商船航行在世界的海洋上，充当各地贸易的中介人并承担商品的转运业务。从事这种转口贸易，使荷兰取得了海上贸易的霸权。当时欧洲南方和北方国家之间的贸易、欧洲与东方之间的贸易几乎全部都掌握在荷兰人的手中。荷兰的船只把瑞典的铁、波罗的海沿岸地区的粮食和黄麻运往法国和伊比利亚半岛各港口，然后又装载着酒和香料返程。由于欧洲国家市场价格相差很大，这种转口贸易给荷兰带来了巨额利润，阿姆斯特丹成为当时的世界商业中心、金融中心和重要港口。这个贸易帝国究竟庞大到什么地步呢？当时有人说："荷兰人从各国采蜜……挪威是他们的森林，莱茵河两岸是他们的葡萄园，爱尔兰是他们的牧场，普鲁士、波兰是他们的谷仓，印度和阿拉伯是他们的果园。"

波罗的海贸易尽被荷兰人掌握。殖民地产品与食盐、葡萄酒一起成为荷兰向该地区转运的最主要商品。他们开辟了从北海绕过丹麦最北端、穿过松得海峡进入波罗的海的航路。最终，荷兰人成功地排挤了汉萨同盟的贸易势力，取而代之。荷兰人以鲱鱼贸易带动盐的贸易，并以此为基础推动了整个波罗的海的贸易。波兰的粮食、芬兰的木材、瑞典的金属都是荷兰人的主要贸易对象，其中尤以谷物为重。谷物贸易吸收了荷兰流动资金的60%，占用船只达到每年800条之多。阿姆斯特丹也一跃成为欧洲最大的小麦集散港，享有"欧洲粮仓"的美誉。仅1618年一年，荷兰人就从波罗的海运出两亿多公斤谷物。17世纪中期以后，荷兰对亚洲贸易进入高潮，占据了东方贸易霸主之位，转运波罗的海的殖民地产品随之激增，增长率约为800%。17世纪中期，荷兰运往波罗的海主要港口的殖民产品比16世纪中期增长约90倍。这其中大部分是来自亚洲的产品，尤其是胡椒和香料。在波罗的海和北海，全部船运业由荷兰独占。从俄国运出的农产品、毛皮、碳酸钾和鱼子，从波罗的海运出的铁、造船用的木料、蜡，都是由荷兰转运到法国和意大利的利沃尔、威尼斯以及其他更遥远的销售地。荷兰控制了波罗的海的贸易，使它拥有丰富的沥青、焦油、制绳用的大麻、制风帆用的亚麻等物品，成为西欧海军最主要的供应者。在西欧，17世纪前半期，法国对外贸易的大部分、德意志西部的贸易、欧洲南北之间的贸易，都掌握在荷兰人的手里。

17世纪，地中海贸易也在荷兰人的掌控之中。向地中海诸国的出口占荷兰总出口量的四分之一，这些出口物中，除了荷兰本国生产的毛呢等少数产品外，大多数也是殖民地和欧洲其他国家的产品。荷兰东印度公司从东亚运到阿姆斯特丹的胡椒源源不断地出口到地中海的意大利、法国诸港，成为主要货运物资。这不但大大增加了荷兰商人的收入，而且为他们换得了地中海国家的盐、葡萄酒、棉花等商品，运往荷兰本土或波罗的海国家。

我们前一章谈到的香料贸易，17世纪也曾被荷兰所垄断。荷兰东印度公司武力和外交兼施，控制了最有价值的香料产地，并实际上垄断了对欧洲的香料船运。17世纪欧洲市场年需香料约100万磅左右，独占了"香料群岛"的荷兰东印度公司几乎毫无对手，17世纪初贸易量就达到了112万磅。17世纪中期，香料产量供过于求，公司为了维持市场垄断价格，毁掉了一批香料和香料作物，造成欧洲香料市场大大萎缩。可见，在香料贸易上，荷兰东印度公司占有绝对优势，处于操纵全局的支配地位，称得上是真正的霸主。

值得一提的是，荷兰还在亚洲构建了一个广阔的贸易网络，当然这个过程中也充斥着血腥和欺诈。1641年，公司占领了南洋海域的咽喉要道马六甲。马六甲是东方航运贸易的枢纽，它把印度尼西亚体系同各航线连接起来，"西通印度、波斯、阿拉伯、叙利亚、东非和地中海，北达逞罗（泰国古称）和勃固（旧时缅甸的一个王朝），东达中国、日本，是当时世界上最大的贸易体系"。借助这种便利，公司不但垄断了亚洲国家间的香料转口贸易，而且还把越来越多的亚洲产品运往阿姆斯特丹，将亚洲内部市场扩大成为亚欧市场。荷兰东印度公司为了在亚洲获得贸易优势，一边与别国公司为敌、排挤外来商人，一边与当地商人一起对殖民地人民进行强制和欺骗性的不平等贸易。例如，为了独霸中心东印度群岛，荷兰东印度公司残暴地驱逐了葡萄牙人、英国人等外来势力。1623年一度制造了血腥的"安仪事件"，11名英国人以及10名日本人和1名葡萄牙人惨遭杀害。公司也对当地商人的活动加以禁止和限制，规定印度尼西亚商人只准同荷兰人进行贸易，同其他国家的贸易统统被视为"走私"，予以严厉禁止和打击。到17世纪中期，荷兰在武力保护下排除了内外竞争者的威胁，同东印度国家签订了一系列不平等条约，最终完全垄断了该地的进出口贸易，拥有了为同时代的国家和公司所艳羡的"天然货仓"。

荷兰东印度公司的殖民地产品还被运往美洲和非洲。1670年前后，荷兰将进口的亚洲粗棉布运到西印度群岛和南非的种植园，"供奴隶穿用"，甚至还用来换取美洲的贵金属、经济产品和非洲的活商品——奴隶。

就这样，荷兰东印度公司开辟和主宰的东方贸易，与荷兰在世界各个部分的商业活动形成了一个有机的整体。东方商品在一定程度上弥补了荷兰同其他国家贸易中商品的不足，助长了荷兰在出口商品结构和数量上绝对优势的形成，成为荷兰商业霸权确立的直接推动力。

通过直接和间接的途径，荷兰东印度公司凭借自己在东西贸易中的霸主地位，为荷兰世界商业霸权的确立发挥了极为重要的作用。到17世纪中期，荷兰在波罗的海、地中海和东方这三个世界主要贸易区域中都已占据了主导地位，成为世界第一大贸易国家。

## 02　荷葡之争

在荷兰称霸海上贸易的过程中，不可避免地要与老牌的海上霸主葡萄牙发生冲撞，但是靠着强大的造船业、良好的制度保障以及强大的金融支撑，荷兰还是战胜了葡萄牙，笑到了最后。

在当时，香料贸易还能够带来暴利，因此，荷兰也盯上了香料贸易，试图从葡萄牙的贸易版图中打开缺口，分一杯羹。因此在占领南洋群岛以后，荷兰就把眼光投向了印度。在整个亚洲的贸易环节中，印度是一个枢纽，在南洋群岛，通常使用印度产的布匹和当地的香料进行交换。事情进展得很顺利，荷兰先是在印度沿岸地区设立了商业货栈，后来又在孟加拉地区成功获得了贸易据点。在生产桂皮的锡兰，他们直到1661年才占领了这个岛国。1665年，印度的科钦也落入荷兰人手中。

在16世纪的欧洲，葡萄牙占领了印度洋沿岸的贸易据点，垄断了通向欧洲的香料贸易，这为葡萄牙获取了巨额的财富。但与此同时，葡萄牙人已经面临威尼斯重新崛起的竞争，运回的香料在品质上已经受到欧洲的批评。这时荷兰人的商业智慧显露出来，他们知道欧洲市场的变化，所以他们垄断的是贵重的细香料：八角、茴香、桂皮和肉豆蔻。他们把香料群岛划分成区域，每个岛只准生产一种，禁止别的岛生产。在安汶岛，荷兰人只要这个岛生产八角和茴香，班达岛生产肉豆蔻，锡兰生产桂皮。尤其在锡兰，桂皮只允许在较小的种植园内种植，并限制其产量。在马鲁古群岛，为了控制丁香的产量，其他岛的丁香树统统被拔掉，为此宁愿向当地土著首领支付赔偿金。荷兰人依靠暴力维护着这个垄断权力。到那里参观过的法国人说："任何男子防范别人染指其情妇的举动，都达不到荷兰提防别人插手其香料贸易的程度。"

这时葡萄牙的情况却有点儿糟糕了。葡萄牙人在东方打破了阿拉伯商人的贸易网络，成功地实现了贸易控制，垄断了香料贸易。然而他们在东方购买香料，大多使用现金交易，有时也以物易物。他们将一些欧洲的产品带到亚洲交换香料，当时亚洲对欧洲的产品也有一定的需要，比如铜、铅、水银、白银和布匹。遗憾的是，葡萄牙自己并不出产这些原料，也不想生产这些工业品，而是要到国外去购买。当时开往东方的一艘船上的运货单上显示：船上装载了热那亚的平绒、佛罗伦萨的绯布、伦敦的棉布，还有荷兰的亚麻布。

香料贸易的终点不在里斯本，而在安特卫普，那里是欧洲香料的集散地。为了处理和北欧国家的贸易，葡萄牙在安特卫普建立了一个商行。船队从那里赊账购买东方贸易所需要的欧洲布匹，等运回香料以后再付账。这些贷款的利息很高，年利率大约25%，而且运输路线很漫长，短时期内无法还债，所以债务越滚越大，到1524年，葡萄牙已经欠下了300万克鲁扎多[1]。

---

[1] 威尼斯的杜卡特金币（重约3.55克）是整个环地中海地区的通用货币。为了方便战时采购和军饷发放，葡萄牙国王阿方索五世下令铸造一种与威尼斯杜卡特等重的金币。这种金币从1457年开始铸行流通，正面为加冕的葡萄牙纹章，背面为十字架图案。由于是为了东征而准备的贸易和军饷币，这种新型金币被称为"十字军"，葡语音译为"克鲁扎多"。

香料贸易的经营成本也在逐步加大。葡萄牙在东方的战事需要花钱，为了维持与当地部落的联盟需要花钱。更重要的是，航行到印度仍然充满风险，海上的死亡率极高，一位经常跑这条航线的水手说，有4000人与他一起跑这条航线，但是回来的不到2000人，一些人在海上死了，一些人在印度不适应气候抱病而亡，还有一些人永远留在东方，不再返回欧洲。

此外，香料贸易的利润也在逐年下降。每年复活节期间，葡萄牙船队离开里斯本，到达印度后，卸下装载的欧洲货物，装上葡萄牙商行预先收购好的香料。有人算过一笔账：装船时每51公斤胡椒的价格为3个克鲁扎多，加上旅途开销、在印度和里斯本贮存的管理费、海上运输费以及货物在船上的损耗，到达里斯本以后，成本就达到17个克鲁扎多，而由贸易公司批发出售的价格为33个克鲁扎多。每年葡萄牙的香料进口达到200万公斤。大量的东方香料进入欧洲，导致香料价格下跌。另一方面，原来经营香料的意大利城市不甘心失败，不久，从红海阿拉伯老商路过来的香料在欧洲市场上卷土重来，他们大肆鼓噪说，葡萄牙的香料经过漫长的海上运输，很多都已经变质。

欧洲人在香料上有了另一种选择，这对葡萄牙人来说不是好消息。很快，香料贸易的收入不能弥补支出，葡萄牙不得不向国民借内债，1528年，葡萄牙发放了利息为6.25%的国库债券，用来支付年利率为25%的外债。到16世纪中叶，内债比外债多了4倍。葡萄牙国内的全部积蓄就这样流到了国外，东方贸易使国家变得日益贫困。

荷兰的挑战更是加速了葡萄牙的衰落。1641年，荷兰人终于攻破至关重要的马六甲，在这座葡萄牙人所建设的繁荣的城市，荷兰人为了自己的利益让它迅速衰落了。

1657年，荷兰向葡萄牙公开宣战，采用以战养战的方法，抢劫和摧毁葡萄牙船只。有一次，荷兰截获了一艘葡萄牙巨型商船，上面的货物包括大量明朝瓷器。葡萄牙指责荷兰公然抢掠，荷兰却搬出自己的法律专家雨果·格罗修斯所写的著作《海洋自由论》，驳斥当时西葡认为"航道属于西葡"或者是"西葡第一"的主流观点，称公海应如空气般拥有航行自由。1661年，在英格兰国王查理二世的调停下，两国签订协议，巴西仍然属于葡萄牙，但是葡萄牙必须向荷兰开放其美洲的其他商业门户，承认荷兰在亚洲从葡萄牙手中夺得的权益。

就这样，荷兰人逐渐蚕食了葡萄牙的海上霸主地位，长期统治了远东贸易。但是荷兰的霸权地位注定无法长久——依赖对外贸易、产业结构单一、生产力低下、遭遇郁金香金融泡沫[1]打击等因

---

[1] 郁金香泡沫是17世纪荷兰发生的历史事件，也是人类历史上有记载的最早的投机活动。1634年，炒买郁金香的热潮蔓延为荷兰的全民运动，一株稀有品种的郁金香竟然达到了与一辆马车、几匹马等值的地步。无论是贵族、市民、农民，还是工匠、船夫、随从、伙计，人们都将财产变换成现金，投资这种花卉。正当人们沉浸在郁金香的狂热中时，一场大崩溃已经近在眼前。由于卖方突然大量抛售，公众开始陷入恐慌，导致郁金香市场在1637年2月4日突然崩溃。郁金香泡沫事件不仅沉重打击了举世闻名的阿姆斯特丹交易所，更使荷兰经济陷入一片混乱。这个曾经繁荣一时的经济强国开始走向衰落，而"郁金香现象"则成为世界经济发展史上一个著名的名词。

素，决定了一旦外部环境发生变化，荷兰就有可能快速衰落，这一天终究还是来到了。

## 03 《航海条例》

荷兰四处扩张时期，英国正在进行光荣革命，受国内局势的制约，英国未能在海外扩张上与荷兰较劲。然而当荷兰在海上大出风头的时候，其海上霸权危机隐隐出现，地位遭到英国的挑战。为了追求海上霸权，英国护国公克伦威尔决定挑战荷兰。

荷兰在一个世纪的辉煌中积累了大量财富，马克思曾引用居希利的话说，荷兰"几乎独占了东印度的贸易及欧洲西南部和东北部之间的商业往来。它的渔业、海运业和工场手工业都胜过任何国家。这个共和国也许比欧洲所有其他国家的资本总和还要多"。这就引起了欧洲其他列强的嫉妒，他们都虎视眈眈地等待着机会的到来。

18世纪欧洲格局发生了巨大的变化，英国国内恢复和平，开始了持续两个世纪的商业振兴和殖民扩张。法国从重商主义财政大臣科尔伯执政开始，制造业取得巨大进步，殖民扩张日俱规模。西班牙实行内政改革以恢复元气，瑞典也调整了外交政策，从战争中拔出脚来参与经济竞争。可以说，荷兰面临的外部环境在18世纪发生了巨大的变化，荷兰开始面临激烈的国际竞争，这其中与之竞争最激烈的就是英国。

17世纪以来，英国想尽一切办法摆脱荷兰在其国内外贸易中的中间人角色。为了能够打击荷兰，英国针对荷兰贸易的各个方面都采取了有针对性的措施，最终完成了颠覆荷兰霸权的目的。

英国首先以打击荷兰的航运业为突破口，以此削弱它的转运贸易优势（因为造船业和航运业是荷兰强盛的基础）。1651年，英国政府颁布了《航海条例》，条例的主要内容是，英国优先，英国本土航海执行垄断，只有英国或其殖民地所拥有、制造的船只可以运装英国殖民地的货物；政府指定某些殖民地产品只准许贩运到英国本土或其他英国殖民地等。此条例首要目的就是让英国人掌管自己的贸易，把荷兰商人商船排挤出英国经济活动圈。英国通过贸易禁令来减少对荷兰工业特别是造船业以及相关贸易活动的依赖。该条例还对英国殖民地臣民的经济行为做出规定，他们应直接与母国进行贸易，航运只能使用英国或其殖民地的船只，也就是说，雇请荷兰商人商船是非法的。然而中间商角色正是荷兰繁荣之所在。因此，该条例在一定程度上打击了荷兰商人商船，压缩了荷兰与英国及其殖民地之间的贸易活动空间。

英国除了排挤荷兰中间商，还直接打击转运贸易重要支柱——荷兰船只。

17世纪下半期三次英荷战争（1652—1654，1665—1667，1674—1676）虽没能摧毁荷兰的商业霸主地位，但使荷兰商船损失惨重。在第一次英荷战争期间，英国捕获荷兰船只1000艘，1654年4月，荷兰不得不与英国签订《威斯敏斯特条约》，承认英国的《航海条例》。第二次英荷战争中，英国捕获荷兰船只500艘。同一时期，因为英国控制着英吉利海峡，荷兰商船被迫绕道苏格兰海岸航行，这样不仅增加了航程而且还增加了危险。再加之北非海盗明目张胆的攻击，间接地使得荷兰商船损失巨大。所以在英国直接或间接的打击下，荷兰商船频频出事，这就使得西欧其他国家商人逐渐对荷兰商船信任度减少，更愿意租用英国商船。英国对荷兰航运业频繁地打击，开始动摇荷兰转运贸易的基础。

此外，阿姆斯特丹多边支付体系的中心地位在18世纪受到伦敦的挑战。在贸易日益扩张的坚实基础上，英国的票据交换业务也获得了发展。英格兰银行逐渐取代阿姆斯特丹汇兑银行在国际结算中的地位。在整个18世纪，英格兰银行一直为国内外客户贴现支票，其贴现率为5%或6%，而在阿姆斯特丹只有价值在600弗罗林[1]以上的票据才能到阿姆斯特丹汇兑银行兑现。贴现票据使票据可以完全转让，英格兰银行成了新的国际金融中心。

在激烈的竞争下，荷兰首先在海上运输业中失利，无论在波罗的海还是在大西洋都是如此，英国、法国、瑞典等国家都成为荷兰的竞争对手；在进出口贸易中，荷兰也逐渐处于不利地位，各国竞相降低关税以促进对外贸易的发展，这就使得荷兰的贸易商地位不再稳固，经过一个世纪的辉煌，荷兰也逐渐失去了海上霸主的地位。

荷兰因远东贸易发家立国，取得大量的财富，财富使荷兰打造了

---

1 弗罗林，1252年热那亚和佛罗伦萨铸造的一种金币，币重3.5克左右，弗罗林币后来成了欧洲大多数金币的原型。

一支无人能与之争锋的现代海军，从而在贸易战中占得军事主动。然而1670年后，欧洲出现通货紧缩——由于物产极度丰富，导致价格缩水，而荷兰人薪酬始终偏高，终致荷兰失去了国际竞争力。

# 第七章

## 拿破仑帝国与"大陆封锁"

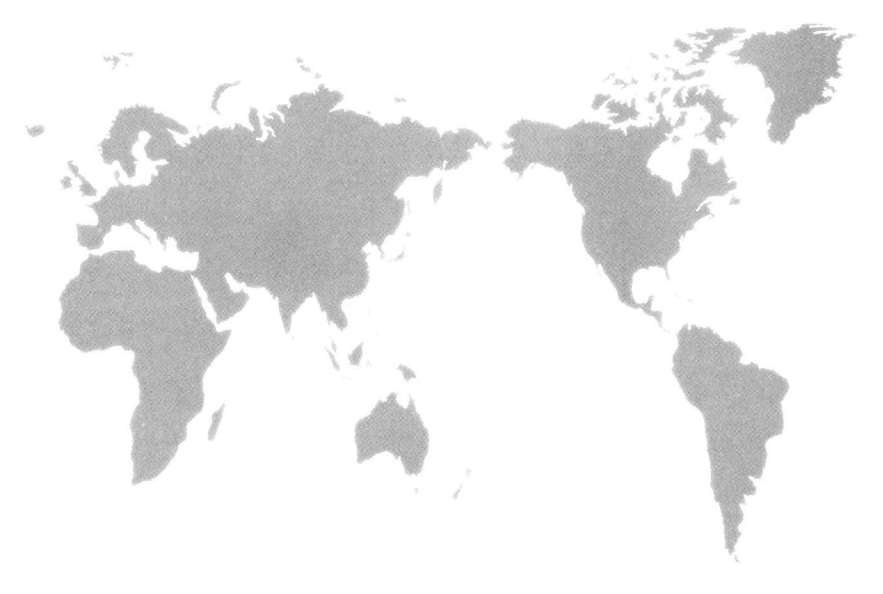

这本来是拿破仑最辉煌的时刻：耶拿战役后，拿破仑征服德意志全境，取缔了神圣罗马帝国。接下来，在野心的驱动下，拿破仑的目标是称霸欧洲乃至世界。拿破仑相信要击败英国这个宿敌，就要彻底击垮其经济，于是向英国发起了一次贸易战——"大陆封锁"，希望以此扼杀英国。结果这个背离经济全球化的战略引发了拿破仑完全意想不到的后果，首先到来的是俄法战争，然后是帝国的覆灭。

## 01 欧洲争霸

提起拿破仑，人们或者会想到他的赫赫战功，惋惜他的滑铁卢之败，但是有没有人想过，为什么当时的欧洲会前后7次组成反法同盟与之对抗？除了法国大革命这个导火索外，还因为拿破仑发动了"空前绝后"的贸易战——即"大陆封锁"，这种倒行逆施是经济贸易联系越发紧密的各国所无法忍受的。

英国与法国的恩怨由来已久，19世纪初，英国战胜荷兰后成为海上强国，而法国也在此时迅速强盛起来，成为欧洲大陆的霸权国家。所谓"一山容不得二虎"，为了在政治上称霸欧洲，两国的对抗也就是自然而然的事情了。1066年诺曼征服之后，英法两国就开始了漫长而持续的冲突，其中还包括一场始于1337年、终于1453年长达一百多年的战争，史称"英法百年战争"。就这样，从百年战争到反路易十四战争，从七年战争到反拿破仑战争，很难说清谁是霸权者，谁是反抗者。也许就像戴高乐将军总结的那样，两国是天生的冤家——"英国的成功就是法国的失败，英国的获益就是法国的受损"。

在18、19世纪，英国和法国确实是两个势均力敌的强国。

在历史上，英国一直是一个相对边缘化的岛国，隔着一条英吉利海峡与欧洲大陆相对。但是在18世纪，英国进行了圈地运动，英国的农业生产模式因此发生了巨大变化，农民的劳动生产率迅速提高。农业革命之后，紧接着的就是工业革命，从18世纪60年代到80年代，不过20年左右的时间，英国就迈进了工业化国家，形成以棉纺织业、钢铁、煤炭为主的三大工业支柱，成为世界上第一个工业化国家。英国的国力空前膨胀，一跃成为当时世界上最发达的国家，海外殖民地遍布全球，甚至拥有了"日不落帝国"的称号。英国率先实行产业革命后，在经济上已经遥遥领先于世界各国，英国的工业制成品尤其受到欧洲国家欢迎，而英国因为生产和生活需要，向其他国家大量进口，也加深了彼此的相互依存关系。

法国南邻地中海，西接大西洋，与英国相比，可以称得上是欧洲大国，人们甚至把法国看作古罗马帝国的继承者。在大航海时代，法国也是一个殖民大国，其在海外的扩张仅次于英国——1604年，法国也成立了东印度公司，在印度东南一带开辟了殖民地，开始插手印度；1608年，法国也来到北美，在今天的加拿大魁北克建立了殖民地，并且迅速扩大，占据了整个密西西比河流域和五大湖西南一带。在17世纪末期，法国综合国力达到全欧乃至世界第一，其陆军保持着40万人的规模，海军实力在1688—1697年的大同盟战争、1692年的拉和岬大海战前，超过了英国和荷兰两个共和国的总和，国力空前。

如果一定要将这一时期的英国和法国放在一起比较的话，那么可以说，英国掌握着海洋的霸权，法国掌握着欧洲大陆的霸权。英法两国开始了长期的对峙，而为了争夺世界霸权和商业利益更是一直处于对抗状态，直到法国大革命打破了欧洲原有的脆弱均势。

法国大革命后，欧洲的君主们开始惶惶不安，而英国也放弃了最初的中立政策，联合荷兰、西班牙、普鲁士、奥地利、俄国、瑞典等欧洲国家先后组成反法同盟。1799年11月9日，粉碎了两次反法同盟的天才军事家拿破仑发动雾月政变，推翻督政府，成立了执政府，独揽法国大权。

对于拿破仑来说，英国是其最主要的敌人，也是法国称霸世界的主要对手，那么如何战胜这个宿敌呢？

## 02 柏林敕令

1804年，拿破仑加冕称帝，建立法兰西帝国。接下来，在拿破仑带领下的法兰西帝国开始了征服之旅：奥匈帝国的皇帝被迫与拿破仑和亲，普鲁士国王和美貌的王后几乎成为他的阶下囚……尤其拿破仑掌控法国后的前十年，他几乎征服了整个欧洲大陆。

为了征服英国，拿破仑进行了多番尝试，他进攻英国本土，但却在海战中败给了英国，不得不承认英国在海上的霸权；远征埃及，试图切断英国与印度的联系，仍旧以失败告终。最后，拿破仑又想到了一个新的办法，那就是与英国打贸易战，对英国实行大陆封锁，切断英国和欧洲大陆的所有联系，最终迫使英国屈服。从理论上来说，这个策略还是可行的：英国是一个岛国，土地面积狭小，很多必需的资源都依赖于进口，而作为一个工业国家，英国还需要大量进口煤炭、木材、铁等物资。可以说，如果没有国际贸易，英国就无法正常运转。而且这套策略也已在前期做了"预演"——1803年6月，拿破仑下令禁止英国货物进口；1804年3月，法国提高了棉织品的进口关税；1805年2月，法国又提高了殖民地产品的进口关税。

1806年11月20日，法兰西征服普鲁士后，拿破仑在柏林发布了一道敕令，准备"以大陆战胜海洋"，这就是大名鼎鼎的《柏林敕令》："不列颠群岛处在封锁状态，与不列颠群岛的任何贸易，任何往来一概禁止。"就这样，从俄国边界沿着北欧和法国西部海岸以及地中海沿岸直到达达尼尔海峡，形成了一道铁壁，满载货物的英国商船只能停留在铁壁之外。为了强化对英国的大陆封锁政策，1807年和1810年，拿破仑又陆续颁布了米兰敕令、特里亚农敕令和枫丹白露敕令。

大陆封锁政策并不只是拿破仑野心狂妄的产物，一方面，拿破仑是希望以此来打击英国经济，达到不战而胜，让英国低头的目的；另一方面，也是为了将英国的商品排挤出欧洲市场，保护法国的工商业发展，缩小与英国的差距。因此，这确实是一次名副其实的"贸易战"。

拿破仑发布敕令后，英国迅速颁布了一系列的反制敕令，主要内容是没收执行柏林敕令的中立国船只；对往来敌国的中立国船只指定在英国港口卸货；缴纳高额关税；领取特许证；禁止向法国运输某些产品，等等。但是随着拿破仑将封锁圈加大，这些反制措施也就失去了作用。

最初，大陆封锁政策给英国的对外贸易造成了沉重打击，因为拿破仑的敕令被严格地执行了，而法国的商品则顺利地替代英国商品打入欧洲，其间，法国的毛纺业和冶金业也获得了一定的发展。但这种繁荣是虚假的，一方面，法国工业仍然处于初级阶段，所生产的产品无论从数量还是质量上都无法替代英国；另一方面，法国的商业优势不是从自由竞争中得到的，在对外贸易中无法真正受到消费者的青睐。

随着大陆封锁的时间越来越长，这些问题逐渐暴露出来。首先是大陆各国的经济受到了严重影响，工商业资产阶级深受其害，到处商品奇缺、物价飞涨，大批工厂停工倒闭；工人和农民的处境就更为悲惨了，失业、挨饿，让很多人都走入了绝境。此外，大陆封锁将英法之间的对抗扩大到整个欧洲，大陆各国的经济也因此深受其害，因为对很多大陆国家来说，英国都是他们最大的贸易对象。比如普鲁士和俄国都是相当落后的农业国，农产品出口额占英国农产品进口额的72%，却被拿破仑的政策所阻隔，无法出口，而咖啡、可可、糖、胡椒等日用消费品却价格猛涨，实在是苦不堪言。可以说，拿破仑的大陆封锁政策已经严重阻碍了经济发展，很多国家甚至被弄到民穷财尽的地步。雪上加霜的是，拿破仑对这些国家采取的措施十分苛刻，为确保法国产品销售，他禁止各个国家之间相互输入工业品，强迫各国对法国实施优惠关税。

有封锁就有反封锁，在拿破仑的高压之下，这些大陆国家不敢反抗，但却可以通过走私与对封锁令敷衍了事的方式进行对抗。英国也把走私作为反封锁的重要手段，一边利用自己在海上的优势反制法国，一边积极与大陆各国配合进行走私贸易。到了后期，拿破仑的封锁令效力已经越来越弱了，那不勒斯边境、伊比利亚半岛的漫长海岸线上、北海、波罗的海各港口，走私活动都在广泛、活跃地进行着。

## 03　帝国覆灭

在实行大陆封锁之初，拿破仑收到的都是好消息：伦敦交易所一片恐慌、英国人的仓库里堆满了积压的商品、英国的纺织品无处可售只有降价、英国的工厂一批接一批地倒闭……好像英国很快就要完蛋了。但是随着封锁时间的延长，随着法国海外殖民地大片大片丧失，拿破仑越来越焦躁了。

在拿破仑看来，日益猖獗的走私活动是不可原谅的，他下令采取愈来愈严厉的海关措施控制走私——比如没收并焚毁一切走私商品，对走私者实行军事审判，甚至不经审判就枪决等。拿破仑一而再，再而三地申斥、威胁各地的王公、大臣、将军们，严令他们执行封锁令，还派遣大批军警到普鲁士、西班牙等国去搜查走私物品。但即使是这样，走私贸易仍然无法禁止，最后拿破仑决定加强军事占领，用法兰西的海关取代这些国家的海关。1808年3月，拿破仑决定占领西班牙，理由是西班牙政府向英国走私羊毛；随后，拿破仑又合并了汉撒各城市、贝格大公国、威斯特伐里亚、阿伦贝格公国及奥尔登堡公国；对瑞士的伐累、特辛州则实行军事占领……

拿破仑的穷兵黩武招致了各国更强烈的反抗，西班牙、葡萄牙、普鲁士、奥地利都展开了全民族的解放运动，组成反法同盟，向法国发起进攻。东西线同时作战确实给拿破仑带来了麻烦，但是真正给拿破仑致命一击的却是盟友俄国。

与英法不同，俄国是落后的农业国家，但又不是自给自足式的农业国家——会出口大量农业产品，然后进口生活必需品。俄国对外贸易的主要市场就是英国，所以1807年，俄国加入大陆封锁后，很快就陷入经济困境。1808年，波罗的海各港口进出的船只只有可怜的743艘，大量的农产品无法出口，价格暴跌，卢布贬值，地主、商人、贵族的利益严重受损。大陆封锁政策给俄国带来的损害是巨大的，俄国干脆公开进行抵制。

1810年12月19日，俄国沙皇亚历山大一世颁布了《关于1811年与中立国贸易的规定》及其附件。《规定》减少了要求证明船、货中立性的文件；简化了确认船、货中立性的手续，大大便利了与中立国进行海上贸易。这个文件名义上是放宽中立国贸易，实际上等同于向英国商品敞开大门。

这种公然违背盟约、破坏大陆封锁的行为激怒了拿破仑，他决不允许俄国在他的铁壁上打开缺口。1812年夏，拿破仑集结军队61万及1400门大炮，带着数万辆大车和15万匹军马渡过涅曼河，向俄国不宣而战。拿破仑一定无法想到，大雪纷飞的俄国会终结他的政治生命，在库图佐夫[1]的"坚壁清野"政策下，法国军队斗志彻底涣散，拿破仑的不败神话被打破，等远征军回国时才发现已经不足三万人，而随后，迎接他的是第六次反法同盟。

大陆封锁是一次规模巨大的强制性经济封锁，拿破仑胁迫欧洲诸国屈从于自己的意志，野蛮地破坏了现代社会贸易自由的基本原则，而这种政策注定是无法长久的。

再给大家看一组数据：在拿破仑的严密封锁下，英国的出口额从1805年的4820万英镑上升到1810年的6100万英镑。相反，欧洲各国在农产品失去销路、贸易又受到法国严重盘剥和限制等因素的影响下，财政几近破产。法国也没有讨到太多好处，虽然在欧洲倾销了一些商品，但是封锁也导致无法学习英国先进的工业技术，造成了自身工业革命的迟滞。

在现代经济中，封锁、壁垒、垄断不仅会伤害其他国家的利益，也会损害自己的发展，因为没有哪一个国家的经济是通过封锁发展起来的。

---

[1] 米哈伊尔·伊拉里奥诺维奇·库图佐夫，俄国卓越的军事家、统帅、军事理论家。1812年，拿破仑对俄国不宣而战，67岁的库图佐夫临危受命重返军队，在敌众我寡的情况下，他采取更加灵活的斗争方式，零星交战、迂回机动、积极防御，最终消灭了被认为不可战胜的拿破仑大军。

# 第八章

# 美国南北战争中的贸易战

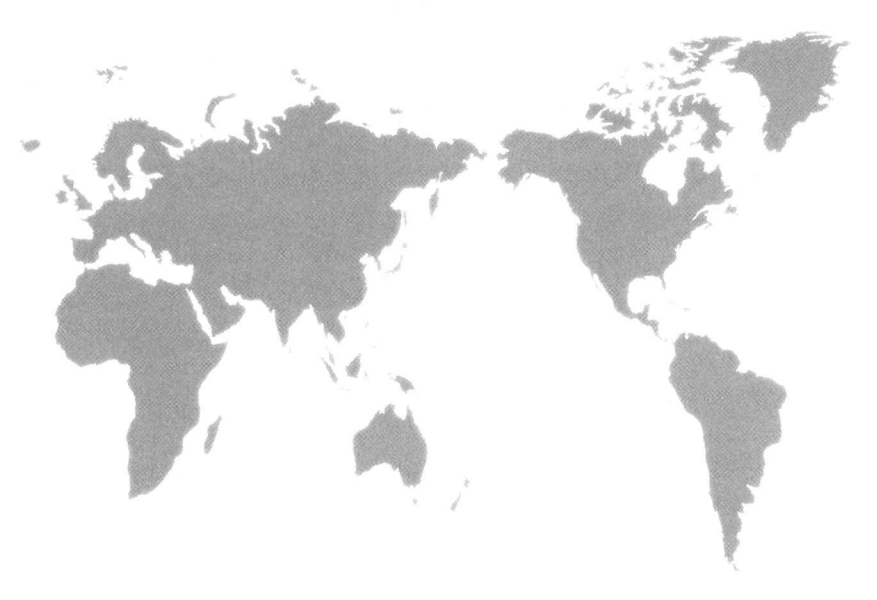

1861年美国爆发了南北战争，这是美国历史上唯一一次内战。战争的导火索是南北11个州要求独立，后来南北战争又演变为一场消灭奴隶制的革命战争。但是，这场战争背后有着深刻的经济原因——北方的资本主义工商业经济和南方的奴隶制种植园经济之间存在着巨大的矛盾冲突，这也是为什么有人把美国南北战争称为第二次资产阶级革命。今天，当我们回头去看南北战争，就会发现这场战争自始至终贯穿着经济因素，在炮火硝烟之外，双方还动用各种经济手段打了一场贸易战。

## 01　南北之争

美国建国后，最初实行的是松散的联邦制，每个州可以拥有自己的法律，自己的经济制度，简言之，就是各自为政。这种同盟性质的立国体制不可避免地会导致一些摩擦和矛盾，从经济角度来看，南方各州与北方各州就存在着天然的冲突。

首先，南北方在对关税的态度上存在矛盾。北方各州是新兴的工业州，工商业都处于发展阶段，自然无法与老牌的工业国家相媲美，因此他们希望联邦能够收取保护性的贸易关税，避免竞争性商品在美国倾销，让新兴的工商业有机会发展壮大。南部的态度却截然相反。南方各州主要是农业为主，通过棉花出口来获取利润，因此他们强烈反对提高关税，广大农场主们的诉求就是既能够自由地出口棉花，又可以购买国外廉价的工业品。而且南方各州认为自己在这一问题上比北方各州更有话语权，因为他们缴纳了四分之三的联邦赋税。

顺便说一句，南北方对待英国的不同态度也导致了双方的进一步分裂。南方各州因为与英国有着直接的利益关系，因而与原本的宗主国英国关系较为亲密，向英国销售了大量的原料和工业初级品，所以南方强烈反对保护性关税，不希望因此影响了自己的出口。而在北方各州看来，英国是纯粹的竞争对手，英国一直把广大的殖民地当作产品倾销市场，并从这些地方获取廉价的原材料。因此，北方对于南方各州将原料和工业初级品卖给英国也早有不满。

其次，蓄奴和废奴之争。表面上看，废奴是政治诉求，但实质上还是要归结到经济上来。美国独立战争期间，奴隶制的合法性是13个殖民地都承认的。但是到十九世纪二三十年代，美国已经出现了11个自由州，废奴的呼声在北方响起，而南方却固执地维护着奴隶制。这种争端其实也反映了南北方巨大的经济差异。南部的奴隶种植园经济需要大量奴隶，但是他们尽管禁锢着大量的奴隶，却存在经济效率低、成本高、利润低的问题；北方新兴的工商业也需要大量劳动力，而且北方需要的不是被禁锢的奴隶，是大量自由的生产率较高的劳动力。到了十九世纪五十年代，南北方的经济实力呈现此消彼长态势，南方落后的农场经济已经陷于停滞，而北方以纺织、煤炭和钢铁业为主的工业制造业却在飞速发展，北方的势力不断扩张，原本的南北平衡被打破了，战争一触即发。

1828年到1832年，美国国会通过了提高对欧洲工业产品的关税以利北方各州的工业发展。这项关税政策彻底激怒了南方，因为这项政策将对倚重对欧洲大量外销农产的南卡罗来纳州及其他南方各州来说是一个重大的利空，欧洲各国会报复性地提高对美国农产的关税，从而影响南方州的收入。因此这项关税政策被南方州讥为"嫌恶关税"。南方各州反应强烈，南卡罗来纳州议会甚至召开州代表大会，通过了联邦法令废止权条例，宣布1828年及1832年的关税法于该州内无效。经济上的冲突是导致南北分裂的重要原因，这也是为什么美国的经济史学家会认为南北战争"基本上是一个地方性的经济冲突"。

## 02 "水蟒计划"

1860年，反对奴隶制的共和党人林肯当选美国总统，这让南方各州彻底绝望了。认为自己受到经济剥削的南方各州宣布自组南方邦联政府，退出联邦。双方的矛盾不可调和，于是在1861年，南北战争开始了。

军事战争部分我们就不再介绍了，这里我们主要说一下南北战争中双方你来我往的"经济贸易战"。第一回合斗的是封锁与反封锁。

著名小说《飘》就是以美国南北战争为背景写就的。小说的男主人公"瑞特·巴特勒"是一位穿越封锁线牟取暴利的商人，他为人粗率、不羁，视道德如无物，但却因为穿越封锁线运送药品，成了人人尊重的英雄巴特勒船长，而所谓的封锁线就是我们接下来要谈到的北方对南方的经济封锁。

南北战争爆发时，南方农业州缺乏工业基地，主要产品就是烟草和棉花，靠出口这些农产品换取日常生活的各项供应品，部分地区甚至连粮食都无法自给。也就是说，南方极度依赖于对外贸易，北方自然也很清醒地认识到了这一点。1861年3月，北方联邦陆军总司令斯科特将军提出，"应该禁止外国货物进入已经失去控制的港口，国会应该通过决议关闭这些港口，并对它们进行封锁"。这条建议后来被称为"水蟒计划"。

同年4月19日，林肯总统颁布了封锁公告，宣布实行海上封锁，对南方打一场经济封锁战。南方的海岸线非常曲折，长达12000英里，其间分布着大大小小的港口，但是在林肯的封锁令下，这些都不值一提。北方政府借助比南方更强大的海军，不断完善封锁措施，在南方海域拉起了一张大大的封锁网，南方联邦被控制在网内。当然，有封锁就有反封锁，南方的船只试着偷偷穿越封锁线，换取所需的工业制品。据称，南北战争期间，有1500艘左右的南方船只都被击沉或捕获，只有很少数量的船只成功闯关，但是这些船只所带回的物资相对于南方所需来说，不过是杯水车薪。有一些英国冒险家驾驶着小型走私船，从古巴和巴哈马运来军火及奢侈品交换高价的棉花及烟草，但是也大多被捕获了，北方联邦的态度是走私船及货物被出售而收入归联邦水手，英国船员则获释。

在当时，北方联邦士兵每天都能吃到培根、牛肉、面粉、玉米粉及硬面包，他们还能得到大米、醋、盐、糖、肥皂及蜡烛等满足日常所用，而南方士兵只能吃到玉米粉，基本的生活需求和饮食都无法保障，南方的士气越来越低落。

贸易封锁对南方的伤害是巨大的。首先，封锁切断了棉花和烟草的出路，破坏了南方的经济结构。其次，封锁使南方无法进口各种所需的工业制品，不但军队得不到武器、军服等所需供应，有些农业生产也因此停摆。随着北方军事实力的增强，对南方形成的包围圈越来越小，南方一些重要的日用品如纸张、布料、灯油、肥皂等十分短缺。

贸易封锁对南方的影响还不止于此。打仗是需要钱的，但是在北方的严密经济封锁之下，南方经济严重萎缩。为了保证战争需要，南方曾经试图实行关税政策，但关税税收也少得可怜。无奈之下，南方政府又发行了数亿美元的战争公债，还发行了纸币，但是这些做法无异于饮鸩止渴——泛滥的纸币造成了通货膨胀，南方经济加速衰退。南方还曾经试图向国外借款。1863年，南方邦联在欧洲发行了1500万美元的棉花支持债券。这批债券以南方的重要出口商品棉花为担保，但是从这批债券中南方也只得到250万美元的现金，无法真正改善南方捉襟见肘的处境。

更糟糕的是，随着北方军事实力的不断增强和南方的节节败退，"水蟒"越收越紧，南方经济完全被压制了。

## 03 棉花对抗

与北方相比，南方在战争一开始就没有做好思想准备，他们至少犯了两个错误：首先是低估了北方统一美国的决心，还指望北方厌战后实现和平；其次，他们过高地估计了"棉花大王"的重要性，认为北方的封锁和持久战会迫使英法介入战争，因为棉花的缺少将影响欧洲经济。但是后来的事实证明，贸易战的主动权并不在他们的手中（这与当时的国际贸易形势有关）。

1850年到1860年，英国所用的棉花80%来自美国南方，内战爆发后，南邦联自信可以取得国际支持，他们也是这样用舆论为自己造势。一些大农场主曾吹嘘道："有一点是不容置疑的，英国将尽其全力去动员整个文明世界来挽救南方。""你们不敢对我们的棉花开战，世界上没有任何一个大国敢对棉花开战！棉花就是王。"因此对于北方的海上封锁，南方并没有特别担心，棉花就是他们最重要的筹码，出于自身的经济发展需要，英法不会对北方的封锁坐视不理。当时查尔斯顿的《镜报》也曾放言："主动权掌握在我们手中！我们要拖到英法的每一家棉纺厂倒闭破产，不到他们承认我们独立决不罢休。"为了造成棉花短缺，让欧洲国家及早出手，南方还故意减少棉花种植面积，并忍痛焚烧了250万包棉花。但是接下来的情节并没有如南方所预料的那样展开。

南北战争开始前，也就是1860年，英国的纺织厂商从美国进口了大约258万包棉花。这导致初期棉花商路的中断并没有给英国造成太大影响，而法国的情况也差不多，两国都有大量的棉花储备。等到储备的棉花用完后，确实影响到了两国的棉纺织工业，1862年，英国仅从美国南方进口棉花7.2万包，当时英国有近40万棉纺工人失业，英法两国的棉纺工业都不同程度地出现了危机。不过棉花危机又很快解除了，因为当时的棉花贸易形势已经有了微妙的改变，印度和埃及的棉花产业逐渐成长起来，英法两国对于美国的棉花不再有绝对的依赖，此时英法等国最缺的是小麦，这正是美国北方联邦所盛产的。

当时英国正好赶上了数个灾年，小麦连年歉收、大幅度减产，甚至到了要闹饥荒的程度，必须从美国北方进口大量的小麦，因此不能跟北方闹得太僵。而且英国的工业界想往北方输送自己的工业品，英国不得不转换政策，开始与南方疏远，将南方军在英国建造的两艘重型铁甲舰扣押，到后来，更亲自接管了北方与英国之间的贸易线，让南方军的海上贸易骚扰政策破产。没有了英国的带头，其他欧洲各国也是基于自己的利益考虑，没有承认南方的合法性。

英国对美国内战的态度，表面上看是小麦歉收引起的偶然，但是偶然中其实也有必然。20世纪，英国外交大臣哈默斯顿就说过："国家与国家之间没有永恒的朋友，也没有永恒的敌人，只有永恒的利益！"按照英国的这种思维，英国最终选择北方是必然的，因为北方能够比南方提供更多的经济利益。在南方，英国的利益重要是棉纺织业，而棉纺织业已经处于衰落期。北方迅速发展的公路、铁路、银行、股票证券等产业开始越来越重要，英国在北方也做了很多投资。

就这样，北方不仅利用其军事优势，让欧洲列强不敢随意承认南方的合法性，还利用其工业经济优势和欧洲对其小麦的需求，达到了阻止欧洲列强支持南方的目的，颇有"不战而屈人之兵"的意味。

# 第九章

## 斯姆特－霍利关税贸易战

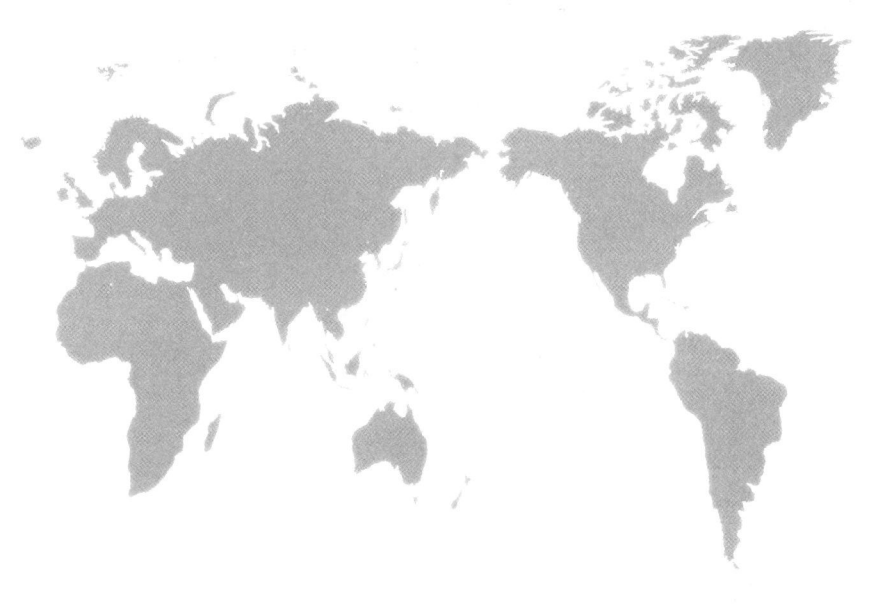

《斯姆特-霍利关税法》得名于美国的两位国会议员斯姆特和霍利。为了摆脱1929年开始的经济危机，他们联名提出了一项新的关税议案，大幅增加关税，结果引来了各国的抗议，很多国家也对美国实行了报复性关税。在关税实行后，美国的全球贸易萎缩了66%，外贸型企业纷纷倒闭，失业者不计其数。美国经济因此遭遇重创，开始了五年的大萧条。

## 01 危机爆发

斯姆特-霍利贸易战缘起于美国1929年经济危机，它是美国试图转嫁经济危机的产物。

美国发生经济危机时，时任总统为胡佛。这位总统刚上任就遭遇了经济危机，他的名字与大萧条永远地联系在了一起，并以幽默段子的形式"名垂青史"。胡佛总统之所以从"美国英雄"沦为民间笑话，是跟他应对经济危机时的一些错误而愚蠢的经济政策分不开的。

前文曾经说过，20世纪20年代本是美国最好的光景，那是一个真正的浮华时代：大街小巷挤满了汽车，"1美元首付"就可以拿到；民众都在买地、买股票，一夜暴富的神话处处可闻；工人的工资越来越高，女性的裙子越来越短，美国上下充斥着享乐主义和娱乐道德观。在这一时期，美国实行的是宽松的货币政策，基础建设得到巨大发展，城市化首次超过50%，个人所得税大幅缩减，中产阶级也能消费起汽车和收音机等曾经的奢侈品。股市一片繁荣，道指从1921年6月的60余点开始反弹，1929年9月最高涨至376点，涨幅高达5倍多。

1929年，胡佛总统上台，他在竞选演说中发誓将消灭贫穷，还为美国人描绘了一幅美好的盛世景象——"美国人家家锅里有两只鸡，家家有两辆汽车"，这让美国人对未来满是憧憬。但是，很快这一切都将成为泡影，无论是美国总统还是普通民众，都并没有意识到，自己已经走到了浮华的终点。

1929年10月24日，股市开始崩盘，市场中掀起了抛售狂潮；10月29日"黑色星期二"，股市彻底崩溃，在10年大牛市后，股市跌入了深渊，股票成为废纸，数字全无意义。有煤炭公司的老板被暴跌的股市刺激得心脏病发，当即倒地死在办公室中；有出海游玩的富人，回来后发现风云突变，自己已经变成了贫民；有人跳楼，有人甩卖豪车……这次股灾造成的损失有多大呢？我们这样描述，读者的感受可能更直观一点儿：从"黑色星期二"开始的10个交易日内，300亿美元的财富消失，而美国在第一次世界大战中的总开支也不过就这些。股市的暴跌还不是最可怕的，经济萎缩更为致命。从1929年到1932年，钢铁工业下降了近80%，汽车工业下降了95%，至少13万家企业倒闭，占全国劳工总数四分之一的人口失业。人们疯狂地咒骂、嘲讽胡佛总统：大批的失业者无家可归，他们只能用一些废弃纸板、木板搭起流浪小屋，这些小屋聚集的村落被称为"胡佛村"，流浪汉的要饭袋被叫作"胡佛袋"，由于无力购买燃油而改由畜力拉动的汽车被叫作"胡佛车"，流浪汉盖在身上的报纸被叫作"胡佛毯"。当时还有一个流行的段子：胡佛和他的阁僚梅隆[1]走在街上，向梅隆借5

---

[1] 时任财政部部长，奉行自由放任主义，提出让经济进行"自我治疗"："我不相信有什么秘诀能补救我们今日所受的灾害，我不相信我们的制度在本质上有什么不对的地方。"

美分，打算给一个朋友打个电话，结果梅隆扔给胡佛10美分，说："给你所有的朋友都打一遍吧。"纽约大街上还流行这样一首儿歌："梅隆拉响汽笛，胡佛敲起钟。华尔街发出信号，美国往地狱里冲！"

胡佛总统在任的四年里，经济危机占了三年半，他的悲哀是，虽然试图挽救经济危机，但其具体决策总是把事情弄得更糟。比如他签署了《斯姆特–霍利关税法》，向其他国家发起贸易战，但实际上，这项法案却把美国经济和世界经济推入了更深的深渊。

## 02　法案签署

经济危机爆发后，美国国内出现了一种看法，有些人认为经济萧条是由国际贸易造成的，国外商品的大批涌入导致产品过剩，导致工作岗位不足。也就是在这样的背景下，美国国会议员霍利和斯姆特联名提出了一项新的关税议案。

我们可以花点儿笔墨介绍一下斯姆特议员其人，这样大家也能更全面认识到《斯姆特–霍利关税法》的愚蠢之处。斯姆特是一个虔诚的摩门教教徒，他相信自己对美国负有使命，这项使命就是净化美国，使其免于外国各方面的毒害，他还相信自己最终会在一项长期立法中名垂青史。除了抱负，我们还要介绍一下斯姆特议员的身份，他不但是一位商人，还是一位业余经济学家，他对经济危机的理解很简单，一句话就可以概括：市场上销售的商品数量超过美国人的购买能力，导致了经济危机，而具体的解决办法就是把其他国家的商品赶出美国市场。

在这样的思路下，斯姆特议员联合霍利议员提出了一个解决方案，他声称，这个方案能够真正解决美国的就业问题。这个方案就是《斯姆特–霍利关税法》。这是一个以邻为壑的不公平竞争法案，它可能引起的后果，聪明人一眼就能看到。

联合提出该项法案的另一位议员霍利也积极奔走，他花了数十天的时间走访农场主和工商业者，搜集了厚达1万多页的证词，并在此基础上拿出一个方案，该方案建议增加845种商品（主要是农产品）关税，并减少85种商品（主要是工业品）关税。方案在众议院通过后递交到参议院，在斯姆特的主持下，方案改为提高177项、降低254项关税，然后便是漫长的讨价还价，最终提案在1930年3月付诸表决，并以44∶42的勉强多数在参议院通过。

最开始的时候，霍利是把关税的重点放在农产品上，他认为工业品的关税可以保持不变。但是工业利益集团当然不愿意看到这种情况发生，他们极力游说，要求提高工业品的关税。最终《斯姆特–霍利关税法》融合了各方的诉求，进口商品的税率从平均40%升至48%，3200种外国商品（占总数60%）的关税上涨，为国际贸易建立了一堵高高的死亡壁垒。

尽管来自不同学派的1028名经济学家联名上书胡佛总统，呼吁否决《斯姆特–霍利关税法》，尽管一些有威望的企业家也加入了劝说队伍，但是胡佛还是一意孤行地签署了这项愚蠢的法案，虽然他也认为这项关税法案是"十分恶毒的、敲诈勒索的和令人生厌的"。1930年6月17日，这项法案经签署成为法律，它以法律形式修订了1125种商品的进口税率，其中增加税率的商品有890种，50种商品由过去的免税改为征税，导致农产品原料的平均税率由38.1％提高到48.9％；其他商品的税率由31％提高到34.3％。后来在执行时，美国关税的平均税率达到57.3％，是1929年关税税率的四倍，堪称美国建国以来最高的关税法案。

就这样，在经济萧条席卷全球的关键时刻，美国大幅度提高关税，最终导致全球关税大战，后来这项法案被称为"20世纪美国国会所通过的最愚蠢的法案"。

## 03　关税壁垒

法案实施后，效果"立竿见影"。全球大部分船队停运，新船订单取消，从钢铁生产、渔业、农业到各种制造业普遍受到了影响。

美国提高关税的做法，其他各国（尤其是欧洲国家）当然不可能忍受，各国政府最开始是向美国政府提出强烈抗议，34个国家的抗议信像雪片一样飞往白宫，但是美国却傲慢地毫不理会。

在这样的情况下，利益受损的各国只好展开以牙还牙的报复，一场规模空前的贸易战就这样开始了。加拿大首先宣布对占美国出口30％的商品征收关税，德国和英国的宏观关税税率由1930年的10％

左右上升至1932年25%的高位,而全球贸易整体的宏观税率也从10%左右上升到20%。一些国家纷纷效仿,国际贸易一时间几乎停滞,其他国家或者转向替代市场,或者发展替代的制造业,以取代从美国进口的商品。这场贸易战,对后来的国际政治格局也产生了一定的影响——加拿大开始寻求与英联邦更加密切的经济联系;法国和英国上调对美国的关税,对与美国的关系感到不安;德国则致力于打造联盟,建立自给自足的经济体系……

到了1931年,各国进口税率已经比1929年提高了近100%,其中法国用200%的进口税保护小麦,德国用300%的进口税保护稞麦。关税壁垒已经高得可怕了。

那么,《斯姆特–霍利关税法》实施后又对美国产生了什么影响呢?首先,美国国内经济并没有因此振兴,通缩还在持续,失业率不但没有得到拯救,反而还一路攀升;其次,美国商品进出口跌幅进一步扩大,而且因为其他国家的报复性关税,出口跌得更多。美国经济陷入长期的萧条当中,事实证明,《斯姆特–霍利关税法》只是损人不利己。更为惨烈的是,这次贸易大战摧毁了国与国之间本就脆弱的互信氛围和合作机制,最终发展为第二次世界大战的海上封锁和潜艇战,这些我们在后文还会提到。

世界性的报复关税,使美国出现了商业衰退,美国选择了饮鸩止渴,分别于1931年底和1932年初颁布了一批对进口工业品和农产品征收从10%到100%高额关税的法令。这种高关税政策,再次引起了欧洲国家普遍的效法,关税贸易战达到了白热化的程度。

数据显示，1932年美国从欧洲进口总值仅3.9亿美元，而1929年为13.34亿美元；1932年，美国向欧洲出口总值为7.84亿美元，而1929年高达23.41亿美元。到了1934年，全球贸易总量缩水达60%以上，欧洲的德英法意等国其出口增长率从1930年开始均转为负增长，整个资本主义世界陷入了全面大萧条。

到了1933年初，美国的金融体制已陷于瘫痪，胡佛的个人形象糟糕得无以复加。1933年罗斯福在美国总统大选中毫无疑问地胜出，美国贸易政策也因此出现了重大转变。与胡佛不同，罗斯福清醒地认识到高关税是导致国际贸易萎缩、全球经济萧条的重要原因，1934年，美国公布了《1934年互惠贸易协定法案》。该法案对1930年的《斯姆特–霍利关税法》进行了修订，在一定程度上放开了美国企业进口，并且赋予总统协定关税的权利。《1934年互惠贸易协定法案》颁布之后，美国的平均应税税率和平均总体税率开始逐步下降，贸易保护程度在世界范围内才得到缓和，1934年至1945年，美国与其他国家完成了30多个双边贸易自由化协定谈判，"贸易自由化会刺激经济增长，低关税能让国家重回繁荣"成了当时的主流观点。于是我们看到，1933年至1935年间，美国国民生产总值从396亿美元上升到568亿美元，"（美国）此时此刻，工厂机器齐鸣，市场一片繁荣，银行信用坚挺，车船满载客货往来奔驰……"

对于《斯姆特–霍利关税法》，经济学家的看法是一致的——它给当时脆弱的全球经济雪上加霜，进一步导致了美国乃至欧洲的经济萧条。它给国际贸易带来的震荡，直到几十年后才逐渐消退。

# 第十章

# 日本侵华战争的隐秘阵线

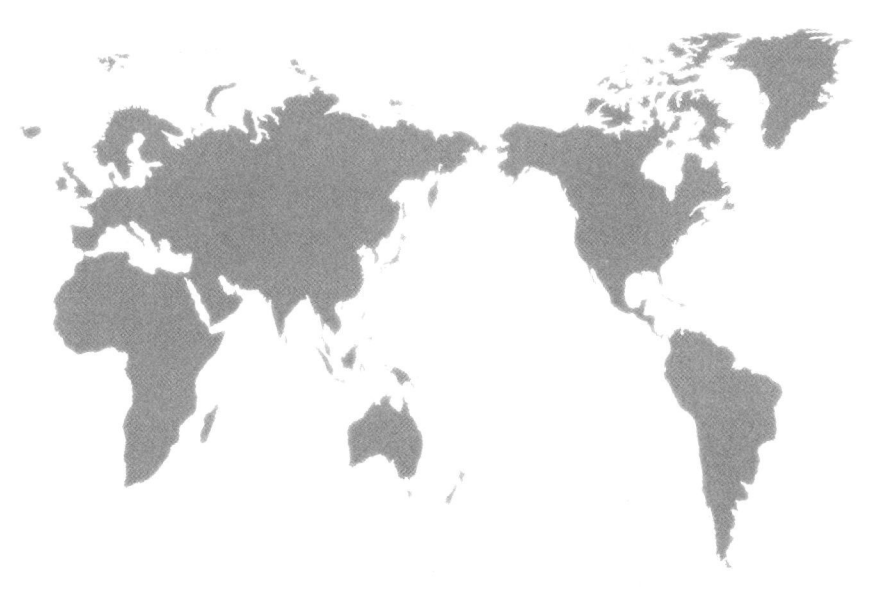

近代日本通过明治维新成为亚洲强国，但是日本国土狭小、资源贫瘠，而中国地大物博，日本根本无力支撑一场长期的对华战争。于是日本就采取了双管齐下式的作战方针，一边实施军事侵略，一边对中国发起贸易战，意图减少本土经济消耗，击溃、吞并中国经济，缩短战争进程。

## 01　倾销税法

1929年，资本主义世界爆发了经济危机，中国实际上成了这场经济危机的"泄洪区"。为了摆脱和转嫁经济危机，帝国主义各国一方面实行关税壁垒，控制本国市场，一面对华倾销商品，其中日本更是积极对华倾销日货，以吸收法币，抢购战略物资，对中国打起了贸易战。

前文曾经提到的《白银收购法案》出台后，国际金融市场上"金贱银贵"，这对于中国的对外贸易是非常不利的，变相抬高了中国商品的出口成本，降低了进口关税利率，于是大批"洋货"开始涌入中国市场，中国的贸易入超额大幅度上升，1919—1921年为2.82亿元，到了1929—1931年变为6.18亿元，1933年更是迅速增长为7.34亿元。日本工业品也抓住时机大力侵入中国市场。在对华商品倾销方面，日本具有天然的优势：一方面由于工业发达，另一方面由于其距离我国较近，运输方面比其他资本主义国家方便，运输费用也相对较低，在商品竞争上容易取得优势。仅1938年一年，日货在沦陷区就倾销劣货2亿余元，为日本全部出口额的60%。

在日本对华倾销的商品中，最具代表性的就是水泥。日本水泥由于生产过剩，开始向中国大量倾销，给中国同业带来了巨大的冲击。当时的中华水泥厂联合会调查显示，日本水泥明显存在倾销问题：水泥在日本的售价为每桶约合3两2钱4分，加上运到中国上海的各项费用2两4钱，日本水泥的出货价应该在5两6钱4分左右；而日本水泥当时在上海的售价为每桶3两左右，比在日本本国售价低还要低2钱4分，只比运费及保险费及税金等高出6钱，这个价格本身就非常不合理。在这样的低价倾销下，中华水泥根本就没有还手之力——当时的国货水泥售价为4两6钱，另加统税银6钱、佣金1钱5分，合计每桶5两3钱5分，比日本水泥每桶要贵2两3钱5分。

这还只是水泥一项，其他大量工业产品也纷纷占领中国市场，严重排挤和打击了新生的中国民族资本主义工业，民族企业纷纷歇业甚至破产。国内工商业人士呼吁反倾销立法，保护和救济国内产业、维护国内正常市场竞争秩序、抵制外货倾销。

在这样的情况下，南京国民政府在1931年2月9日，正式颁布了《倾销货物税法》。《倾销货物税法》共九条，主要内容有：外国货物以倾销方法在中国市场与中国相同货物竞争时，除进口关税外，另外征收倾销货物税；外国货品有以下情况视为倾销——较其相同货物在出口国主要之市场售价格为低者；较其相同货物运销中国以外任何国家之售价格为低者；较该项货物之制造成本为低者。此外，为了与《倾销货物税法》配套，还成立了倾销货物审查委员会。反倾销法实施细则公布后，倾销货物审查委员会对第一批倾销案件进行了调查，我们可以看一下这些倾销案件：（1）洋粉倾销案；（2）日本纱厂在武汉倾销案；（3）日本水泥倾销案；（4）日本电灯泡倾销案；（5）日煤抚顺倾销案；（6）日本水泥、俄国水泥倾销案；（7）日本生铁倾销案；（8）日本碳酸钙倾销案等。

这是中国的第一部反倾销税法，显示了南京国民政府开始有意识地用必要的非关税壁垒手段来保护本国商业利益，可惜的是象征意义远大于实际意义，这部反倾销法注定很难彻底实行。我们可以看到，调查的案件中大部分是关于日本的倾销案，而当时日本一直以外交干涉和武力恫吓威胁中国，干扰中国的关税自主。日本外务省就曾"向国民政府提出抗议"，威胁说"提高关税，于日本贸易打击甚大，有害中日友交关系，甚为遗憾，敬求反省"。因此，要对日本征收反倾销税，其难度可想而知。连民国时期著名经济学家马寅初都感叹说，国民政府"外交一受压迫，即无法抵抗，其不能自主，可以想见"。

## 02　走私之战

日本侵华战争爆发之前，日本倾销劣货的一种手段就是走私，而抗战爆发后，日本更是把走私作为贸易战的一种主要手段，向中国发起了猛烈进攻。

日本的走私方案非常"灵活"，时而禁止走私，时而鼓励走私，时而又采取利用、禁止走私双管齐下的政策，一切依战局的变化而定。而且日货走私往往与军事手段相结合。各战区的日军往往在军事上故意让开一条路径供贩运走私之用，然后策动奸商、土匪贩运日货，积极扩大日货销路，有时日军还会亲自出马武装抢运偷运走私物资。

最初，日本一方面封锁中国对外贸易，一方面加大对华倾销（主要利用走私手段），但在倾销货物中也规定某些禁品，如铜铁、铜、锌、铅、铝、锑、锰、云母及机器、煤、麻、棉花、羊毛、皮革、猪鬃、桐油、茶叶等。日本的走私网遍布中国全国，从北部的绥远、包头，到西北的宁夏、陇西；从中部的长江一线，再到洞庭湖、鄱阳湖的水道；还有沿海城市上海、宁波、温州、厦门、潮汕等地，到处都有日本的走私线。通过这些密布的走私网，日本每年把几千万担日货输入到中国来；每年又把几千万担钨矿、粮食、蚕丝与棉花等重要资源和几万万元法币流出到日本，损害中国的经济和对外贸易，壮大自身的经济。经济学家许涤新曾对此做了一些总结，我们可以从中看到日本走私为祸之重：以日货吸取大量法币，再用法币到上海、香港的金融市场上套取中国法币外汇基金；以日货换取战地输出品，如茶、丝、猪鬃、植物油及牛羊皮等，以增强其外汇储备；借此倾销日本国内一部分未能消纳的货物，与中国农产品做不等价的交换；向沦陷区、敌后抗日根据地及大后方抢购其所缺乏的某些重要物资等。

对于日本的巨大走私，国民政府曾经下令严查，并且"依据战时人民生活之需要，分别轻重缓急"，实行战时经济统制。统制的物资大体可分四类：日用必需品、工业器材、出口物资、专卖物品。实施经济统制的主要方法是：统购统销、专卖制度和限价政策。1938年

10月21日，国民政府经济部公布了《禁运资敌物品条例》，禁止运输应结外汇物资走私往沦陷区域及其他敌人势力所及的范围。1940年，又将一些奢侈品列入禁止进口物品清单。这些措施应该说具有积极的意义，也在一定程度上打击了日本的走私，只是效果并不很理想，这也是因为战局混乱，国民政府内部的规章制度不统一等原因造成的。

1940年6月开始，中日双方贸易战的策略都发生了微妙的转变——日本由走私倾销政策转变为实行严厉的对华贸易线封锁政策，而国民政府则由严查走私变为了鼓励走私和加强缉私并重的政策。这种政策的转变是由当时的战局决定的。当时，日本加入了德意法西斯轴心同盟，英美开始对日本实施经济封锁，这样一来，再盗取中国外汇已经意义不大了，所以日本改为严厉封锁中国对外贸易，试图断绝中国正常的物资供应。为了摆脱对外贸易困境，国民政府考虑利用走私获取紧缺物资，于是在1940年8月13日颁布了《进出口物品禁运准运项目及办法清表》，规定部分物资"不问来自何国及来自国内何地，一律准予进口"。这也是在事实上鼓励了走私。当然，国民政府也没有放松对日本走私的查禁，1941年1月15日成立缉私处，统一办理全国缉私行政，从而在国内形成以缉私处和海关为主要缉私机关的查缉走私新体制。到了1942年，缉私处改为缉私署后，全国缉私体制大致统一，这也强化了缉私功能。

国民政府对待走私与缉私的政策，在一定程度上打击了日本的对华走私策略，尽管应对还比较迟缓和被动，但还是粉碎了日本企图利用走私击垮中国经济的目的。

## 03　货币战争

中日全面开战前夕，日本就打好了另一番算盘，准备与中国打一场"货币战争"，"应设法造成法币的崩溃，取得中国在国外的基金，由此在财政上使中国现中央政府自行消灭"。其目的不外乎两个：破坏法币的流通和信用，套取中国外汇，便于抢夺物资；破坏中国金融的稳定性。

日本本来是希望直接发行新货币代替法币，但是考虑到法币是当时唯一能够购买外汇的，日本又决定改为吸收法币，在上海外汇市场套取中国的外汇存底。日本之所以选择吸收法币套汇策略，是因为当时英美还是日本的主要贸易伙伴，而美国虽然谴责了日本的侵华行为，但实际上并没有停止与日本的贸易往来。因此，日本疯狂地向中国大后方倾销商品，套取法币与金银[1]，再从美国购入棉花、军火等货品。

外汇走私的利弊国民政府当然也很清楚，为了防止国内资金外逃与外汇耗损，抗战初期，国民政府曾颁布了一系列规定。比如《修正妨害国币惩治暂行条例》规定：意图营利私运或销毁银币、铜币、中

---

1　数据显示，抗战初期估计法币每年流出额为二亿至六七亿之间，数额非常惊人。

央造币厂银条或银类出口者处死刑、无期徒刑或七年以上有期徒刑，并处五倍以下罚金；《非常时期安定金融办法》规定：从次日起，存户每周只能提取150元；《取缔敌伪钞票办法》规定：凡敌伪钞票，无论在任何地方，一律禁止收受行使，否则以汉奸罪处罚；《限制携带钞票办法》规定：由广州附近携钞赴香港澳门及广州湾者，每人以200元为限；《收兑金银通则》规定：运送金银出口或不出口而需通过海关关卡者，应持有财政部准运护照，在内地运送者，应持有四行收兑金银处或各地四行分支行处填发的运送金银证明。人民以金银类兑换法币，应送交距离最近的收兑银行或代兑所兑换。这些规定在一定程度上减少了法币及金银的流失，但是效用不大，因为很多规定并没有被严格执行。比如许多民众私自携带的法币都超过限额，但是很少有人被查获。

到了1939年左右，由于法币逐渐贬值，日本开始改变策略，排斥法币、推行伪币。一方面在沦陷区禁用法币，使困居大后方的国民政府无法运用法币搜购沦陷区的物资，同时又以其收存的法币抢购大后方物资。国民政府最不愿意看到的事情就这样发生了。1938年6月起日本下令禁止法币在华北流通，并令从1939年3月起，法币一律换取伪钞，逾期禁止使用。此外他们还大量伪造法币，强制法币贬值，以扰乱中国金融，破坏中国经济。日本还在一些城市建立了"物资推广部"，诱使奸商偷运大后方的重要物资，于是被利益驱动的奸商将从敌区抢购而来的必需品如棉纱、布匹、西药、零件乃至五金、汽油，又重新运回沦陷区资敌。这对日本来说，可谓一举两得的好事，一方面可以补充物质，损耗国民政府；另一方面，可将它存留的大量法币投入大后方，造成通货膨胀的恶果。

其间，国民政府也曾取得了一些小的胜利。比如1939年年中，日本看到法币外汇市场稳定是以牺牲平衡准备基金为代价的，曾集中1亿元法币向外汇黑市冲击。为了对付日本这一强大金融攻势，国民党政府改变稳定外汇的政策，宣布黑市外汇价格开始波动，使英镑汇价不断往下跌，由8便士多一直降到3至4便士，这使日本套取外汇的力量打了一个很大折扣。号称拥有5000万元资本的伪华兴银行，在这一打击下，其所巧取的法币资本就突然减值1200余万元；日本在全中国各地无耻走私所得的大量法币，也因汇率下跌而大贬其值，日本在上海的银行也因此而大大削弱了力量。

但是总的来说，国民政府对于日本输出法币抢购物资的反应还是不够迅速，直到1943年才正式明令禁止法币内流，取消限制法币外流，但这个时候已经晚了，巨大的损失已经造成。后来美国也在评估报告中写道："日人已使用相当可观数量之法币，据称尚存有二十亿元之法币，因之使自由中国之物资匮乏而通货膨胀。"日本则基本上达到了"以战养战"的战略目的。

# 第十一章
# 世界大战背后的"经济战争"

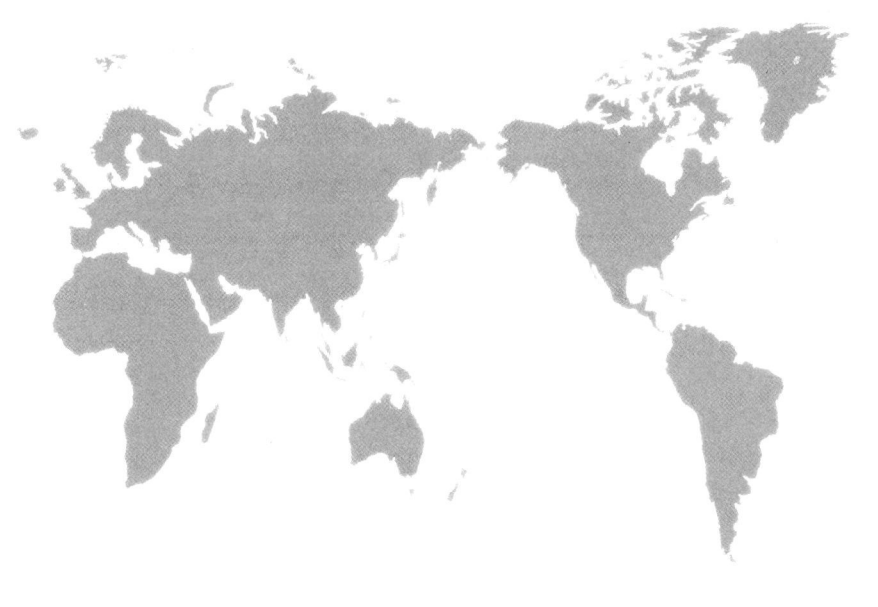

纵观人类历史，很多冲突与战争的根源其实都是经济利益，"当货物不能越过边界，士兵就会越过边界"。经济利益冲突也是导致第二次世界大战爆发的原因之一，而战争也从头至尾贯穿着经济的因素。比如在两次世界大战中，英国对德国发起了经济贸易战，并最终凭借着发达的海外贸易网、雄厚的工业和经济实力，沉重地打击了德国的经济，客观上加速了战争的进程。

## 01　硝烟背后

历史学界有一种观点：第一次、第二次世界大战的爆发都不是偶然的或纯粹政治性的，众多领域的经济竞争使列强矛盾重重，而这种经济上的敌对又进一步导致了政治和军事上的敌对以及剧烈冲突。

我们可以找到事实来佐证这种观点。在第一次世界大战爆发前，欧洲大多数国家都卷入了贸易战，比如1888年到1889年意大利和法国的贸易战、1879年到1894年间俄国和德国的贸易战、1906年到1910年左右奥地利和塞尔维亚之间的贸易战，列强围绕着外国市场的份额和关税问题"大打出手"，最后在发现贸易战无法彻底改变势力平衡的情况下，第一次世界大战爆发了。

那么在两次大战前后都发生了哪些贸易战和贸易摩擦呢？我们不妨来了解一下。

首先是关税之争。在贸易战中，关税壁垒是最常见的手段，资本主义国家历来重视利用关税抵制外国商品进口或惩罚竞争对手。当各国之间相互提高进口税率，也就形成了"关税战争"。在第一次世界大战之前，具体来说是19世纪末期，欧洲的关税战争曾经打到不可开交,19世纪晚期的法意贸易战、法德贸易战,其主要形式都是关税战争。到第一次世界大战后,各国的关税率都因为之前的对抗而有了较大幅度的提高,比如德国提高29%,法国提高38%等;而等到1929年资本主义世界经济危机爆发后,关税战更是立刻扩大化,从美国开始[1],多种关税立刻被提高,并且因此产生了连带效应,各国的矛盾也不断被激化,最终导向世界大战。

当然,除了提高进口税率之外,各国还采取了其他的保护性措施。比如法国实行了"输入限额制",对进口商品实施配额制,多达1100多种商品被纳入进口配额管理中。德国干脆退回到了"以货易货"的贸易制度中,以德国的商品换取自身所需的其他国家商品,不收付现金。这些极端的贸易保护措施也相继被其他各国效仿,关税壁垒战争,事实上带来了世界性的商业衰退。

倾销战也是这个时期的一种贸易战形式。因为各国纷纷设立关税壁垒,就形成了严重的商品过剩,有的国家甚至因此财政告急。为了摆脱这种窘境,一些国家就打起了"倾销战"[2]的主意。在这场倾销

---

1 此处指斯姆特—霍利关税法,美国对890种商品提高进口税率(其中有50种商品由免税改为征税),结果农产品和原料的平均进口税率由38.1%提高到48.92%,各种进口商品的进口税率平均提高约40%左右。英国的毛棉织品、法国的丝织品、德国的化学品、瑞士的钟表、比利时的水泥、加拿大的木材等都未能幸免,高关税引起了这些国家的强烈不满,最后演变为关税报复。参见本书第九章内容。

2 所谓"倾销战",其实是为了扩大出口、保证垄断资本家利益的一种手段:一方面,商品在国内市场上保持垄断性高物价,另一方面,降低出口成本(压低工资、货币贬值),将商品在国外廉价大甩卖。

战中，日本和德国的表现最为突出和典型。

　　20世纪30年代，日本到处寻找市场倾销过剩产品。日本的棉纺织品大量在中国、印度，甚至是英国本土销售，作为老牌棉纺织品出口大国的英国很快就被日本反超。英国一项调查显示，当时用丝绸手帕的人十有八九都是用的日本货；每4个人中就有3个人使用日本伞。日货的猛烈倾销，招致了世界性抵制日货运动，美国、比利时、希腊、土耳其实行输入许可证制以阻止日货倾销。1933年，日本报道说："英国对日本商品中之铁制品、橡胶制品、磁陶品、丝及丝织品、染料、帽等，提高关税以为抵制。英领印度，对日之人造丝织品、棉织品、手巾、棉丝等二十种物品提高关税，十月十日，日印通商条约将完全失效。澳大利亚、马来联邦、英领东非和西非、南非联邦、马耳他岛、埃及等地，均提高关税，阻止日货或废止通商条约。"日本当然也进行了贸易报复，而不断升温的贸易报复则加速了日本进行法西斯侵略的步伐。

　　德国背负着沉重的债务，无法像日本一样到处倾销商品，但是为了重整军备又必须加大出口贸易。因此德国实行了出口津贴制，德国输出的煤，价格比国内低30%；向荷兰倾销的洋灰，低于国内价格的三分之二。这些都得到了政府的津贴。

　　"二战"前后，还有一种贸易战形式值得我们关注，那就是货币战。20世纪30年代以前，还没有真正的"货币战争"的概念，各国强调的是努力维持金本位，从没有想过以货币贬值或者降低汇价作为贸易战的手段。直到1929年经济危机后，国际金融一片混乱，当时的世界金融中心的英国大量黄金外流，无力维持金本位，英镑对美元迅速贬值，英国商品的价格也迅速下降，反而刺激了出口，意外地起到了"报复"美国关税战的作用。这是一个崭新的经验，货币战成为资本主义列强贸易战的新武器。

## 02　"一战"风云

战争中不只是交战双方生死搏杀，贸易战也延伸其中，本小节我们要讲的就是"一战"中英国对德的贸易战，具体形式包括区域封锁、远距离封锁、贸易禁运、打压马克币值等，更包括对于中立国贸易的控制。

在"一战"之前，英国处在全盛时期，是第一大殖民国家，号称"日不落帝国"，1914年占有的殖民地比本土面积大111倍。而且作为第一个完成工业革命的国家，当时英国的国民收入约为110亿美金，在经济和贸易方面也都排在第一位。英国显然很清楚自己的优势所在，决心积极运用经济贸易手段，及早结束战争。当时的英皇乔治五世就曾说过，大英帝国将让德意志切身感受"燃烧的英镑"的力量。

1914年8月4日，英国正式对德宣战，英国政府第一时间就考量了可用的经济手段。于是英国除了在战场上与德国炮火相向外，还积极地与德国打起了贸易战。首先，英国政府迅速拟定了一个战时违禁品清单，要求海军部配合，共同对德国实施封锁禁运。在《伦敦宣言》[1]之后，这个违禁品清单又被持续扩大，一些常规贸易商品也被划入了清单之中，比如羊毛、皮革、丝、黄麻、橡胶、矿石，以及各种化学制品等。

英国还通过不断抛售德国股票、收购黄金来刻意扰乱德国的金融秩序，此外，还在邻近德国的国家丹麦进一步打压马克，使其迅速贬值。到了1914年12月，英国的干扰初见成效，马克对克朗[2]汇率下降了34个百分点。德国当然不能坐以待毙，他们采取了三项对策：第一，向丹麦大量输入黄金，阻止马克继续贬值；第二，增加对丹麦出口商品的种类和数量；第三，为了阻止货币汇率下降，德国开始在丹麦抛售票证、股份、公债等（这项措施确实在相当长时间内使德国汇率上升）。

除了上述的贸易战外，英国还努力控制当时的中立国美国，试图掐断美国对德国的贸易输送。美国当时虽然是中立国，但是由于英国有制海权，美国很难做到真正"中立"，事实上也是如此，美国为协约国提供了大部分军需、消费品和贷款，并因此赚得盆满钵满，在战

---

[1] 《伦敦宣言》指1908年12月4日至1909年2月26日的伦敦海军会议结束时，与会各国签署的海战法宣言，简称《伦敦宣言》。《伦敦宣言》的规则有利于中立国和小海军国保护中立贸易，在战争时期有利于德国，因此英国议会拒绝批准《伦敦宣言》。这也是在美英两国之间展开《伦敦宣言》之争的根源所在。1914年10月底，英国正式出台新的枢密院令，在对《伦敦宣言》做了本质上的修改和补充后宣布接受。

[2] 1873年，丹麦采用十进制，并与挪威和瑞典一道推出一种以黄金为基准的新货币单位，名叫克朗或者克罗那。

后一跃成为最大的债权国。

大战之初，德美两国并没有太大的冲突，可是随着美国与英法等国的贸易增长，随着德国从美国获得支持的希望落空，德美关系迅速恶化。英国为了扼杀德国，在一开始就对德国实行贸易禁运和封锁，他们在北海布雷，扩大违禁品清单，甚至连食品和棉花都被列入违禁品名单。此外，为了控制中立国与德国的贸易，英国不仅停止了与德国周边国家（丹麦、荷兰）的贸易，还强迫美国船只进港接受检查，一旦发现违禁品立刻没收。当时的美国总统威尔逊对英国的非法行为提出抗议，但是英国对此好像也并不在意，他们一边通过外交部得体地表达对美国的尊重，一边继续自己的搜查。当然"燃烧的英镑"也发挥了巨大的作用，英国政府会赔偿美国商人的损失，并且高价大量购买美国商品，美国也只好默认了英国的行为，英国就这样切断了美国与德国的经济联系。

德国对此感到非常愤怒，他们强烈抗议美国这种表面上默认英国行为的态度，把它看作是英国的"断粮"或"饥饿"封锁。德国政府认为，英国实际上比德国更依赖于对外贸易，为此，德国发动了"潜艇战"。1915年2月4日，德国宣布从2月18日起，英伦三岛周围水域为战争区域；德国"将尽力摧毁在这片战区内发现的每一艘敌国商船"，并警告中立国国民离开此类船只，不要再在此类船只上装运货物；并警告称，由于英国船只经常悬挂中立国旗，中立国船只不要进入这一战区，因为不可避免地针对敌国船只的鱼雷会使中立国船只成为牺牲品。1917年，德国的潜艇战又升级为"无限制潜艇战"。潜艇战确实起到了阻碍贸易的作用，据统计，德国潜艇共击沉协约国商船2566艘，注册总吨位为573万吨，其中英国商船占五分之三，而美国的商船运输也受到了很大影响，财路被切断。从战术上来说，德国的潜艇战确实取得了一些成果；但是从战略上来说，潜艇战客观上加深了德美矛盾，让美国更快参战。

第一次世界大战打了4年零3个月，世界经济格局甚至发生了比"一战"本身更为深刻和影响深远的变化：欧洲国家的经济因战争受损严重，美国却大发战争横财，并且趁着各国无力控制时拓展对外贸易，从一个边缘国家成了世界经济强国。

## 03 财富较量

1939年，第二次世界大战爆发了。"一战"中，英国曾通过海上封锁式"贸易战"帮助协约国取得了最后的胜利，有了之前的经验，这一次再重新运用起来更加得心应手。而这一次，英国成立了经济作战部，对德贸易战的主要手段包括经济封锁、贸易禁运和战略抢购。

贸易战是英国对德国的既定战略，也是"二战"正面战场外的"第二战场"，关于经济封锁和贸易禁运，这里就不再多说了，这一时期英国的封锁思路非常清晰，主要是控制三类货物的通过：德国来自海外产地的进口货、德国从毗邻中立国进口的当地土产品或制成品、德国的出口货。

"二战"开战后仅仅六周,英国经济作战部就取得了一系列成果:截获并扣押禁运物资33.8万吨,其中包括石油产品、铁矿石等各类矿石、干椰肉、油菜籽等。1938年,德国全年共进口6261.98万吨货物,而贸易战开打之后的1939年,德国的海外进口几乎缩水一半。大批运往德国的物资都被英国拦截,德国国内食品、纺织纤维、皮革、矿物油、橡胶和各种工业用矿石严重短缺,工业原料供应困难还直接影响到了德国的工业生产。此外,封锁还导致136.54万吨高品质的钢铁产品无法为德国出口创汇,钢铁工业的生产计划落空;煤、化学产品、石材和黏土的出口也受到封锁的影响,德国损失了巨额的外汇收入。

在巴尔干和东南欧地区,英国还加紧了与德国的战略抢购。比如在南斯拉夫,英国同南斯拉夫达成协议,南斯拉夫给予英国重要矿产的有限购买权,而英国的回报则是给予南斯拉夫三项优惠政策:第一,向南斯拉夫提供其所需的原料;第二,同意给南斯拉夫定量配给,英国保证绕过禁运品检查,向南斯拉夫提供限额的供应物资,而南斯拉夫则保证这些供应物资不会被出口到欧洲任何地区(防止流入德国),南斯拉夫还同意限制对德国的大豆出口;第三,英国可以通过为同巴尔干国家进行贸易设置的联合王国商业公司,向南斯拉夫等国家出口黄麻、香蕉、原棉、棉织品、锡、茶叶、咖啡等商品。

英国在土耳其的贸易战略抢购也获得了成功,后者原本一直与德国有着密切的贸易关系。"二战"爆发后,土耳其在英国的压力下,缩减了对德国的羊毛、橄榄油、矿石、棉花等货品的出口。

铁砂作为钢铁的原料,对于维持德国战争机器的运行有着重要作用,而德国一直在从瑞典进口铁砂,数量巨大,甚至呈逐年递增趋势。英国当然也注意到了这一点。1940年1月19日,英国外交大臣哈利法克斯对瑞典驻英国公使布约恩·普吕茨表示,盟国愿意就帮助瑞典抵抗德国的入侵问题进行磋商,但瑞典害怕德国的报复而拒绝了盟国提出的切断对德国铁矿砂供应的建议。英国作战经济部继续同瑞典进行谈判,最后签订协定,要求瑞典控制对德国出口铁砂的数量,不过这条协定显然并没有真正发挥作用,很难说清瑞典到底向德国出口了多少铁砂,但是瑞典从德国获得了37.3吨黄金的报酬。尽管在瑞典遭遇了失败,但是总体来说,英国的战略抢购还是比较成功的。

战略抢购的成功,与英国有效调用经济手段、通过外交博弈控制中立国贸易是分不开的。这中间,英国做了非常多的工作。在"二战"一开始的时候,德国就宣布,一切中立国同其他国家的经济关系若有任何单方面的改变而损害德国的利益,都会被德国政府视为破坏中立的举动,它们也不再被德国看作中立国(会遭到德国入侵)。这种武力威胁对低地国家来说是非常可怕的,以荷兰为代表的传统中立国对此就非常担心,而英国也对中立国颁布了禁令——所有在敌国港口装船的货物都将被视为敌方物资,英国海军将予以没收。

在这样的情况下,有些中立国家对英国漫天要价,希望从英国那里获得更大的优惠和补偿,而另一些国家也干脆消极应对,积极"反封锁",故意对运往英国的货物拒绝或拖延签发出口许可证。无奈之下,英国也不得不做出让步:规定凡在1940年1月1日前装运的货物都不再追究；一些商品因"特殊情况"不列入禁运品范畴的清单，其中包括医用、救济或用于人道主义目的的货物，同输入国经济命脉息息相关的商品也包括在内。

当然，除了禁令之外，英国为了拉拢中立国，也对中立国因贸易战而受到的损失进行了弥补，方式包括给予贷款、增加对它们的进口、允许中立国输入必要物资等措施；而对包括西班牙、葡萄牙、意大利在内的亲德中立国，英国则提供了"有条件援助"，尽量减少他们同德国的经贸联系。

到了1940年7月，欧洲大陆沦陷，在正面战场上，英国正处于最艰难的时期，但是在贸易战场上，英国却取得了巨大的胜利。在一份作战经济部的报告中，我们可以看到这样的乐观预测："……时间将会站在盟国一边。这不仅因为盟国事实上能够充分动员其优势力量，也因为封锁的效果将逐步显现。"

最后，跟大家分享一个"二战"期间的趣闻轶事——英国和德国还曾经发生小规模的"货币战争"。德国在"二战"中曾大量伪造英镑，试图扰乱英国经济，这被称为"伯恩哈德"行动。党卫军军官伯恩哈德从犹太犯人中找出142名造币高手组成"伯恩哈德小队"，这些造币高手享受"吃得饱、穿得暖，可洗澡，有周末"的生活，唯一的任务就是做假钞。在纳粹机器的操纵下，"伯恩哈德小队"刻制印刷模板，仿制印钞专用纸，成功破解英格兰银行的货币编码，终于制出了以假乱真的英镑。纳粹间谍曾拿去瑞士银行检测，发现无论是瑞士银行还是英国银行，都认定这是真英镑。就这样，假英镑被运到意大利，通过"洗钱"后购买战略物资和支付间谍经费，直到1943年才有英国银行识破假英镑，并且引起英镑的信任危机，造成了恐慌。战争临近结束时，市面上仍有大批"伯恩哈德假币"在流通，由于真假难辨，英格兰银行不得不将面额5英镑以上的钞票统统回收销毁，并发行新版英镑钞票。这可能是"二战"贸易战中德国最大的成功了。时过境迁，现在一套"伯恩哈德假币"已经被炒到数千英镑，成为收藏品了。

# 第十二章

# 美苏贸易战之粮食大战

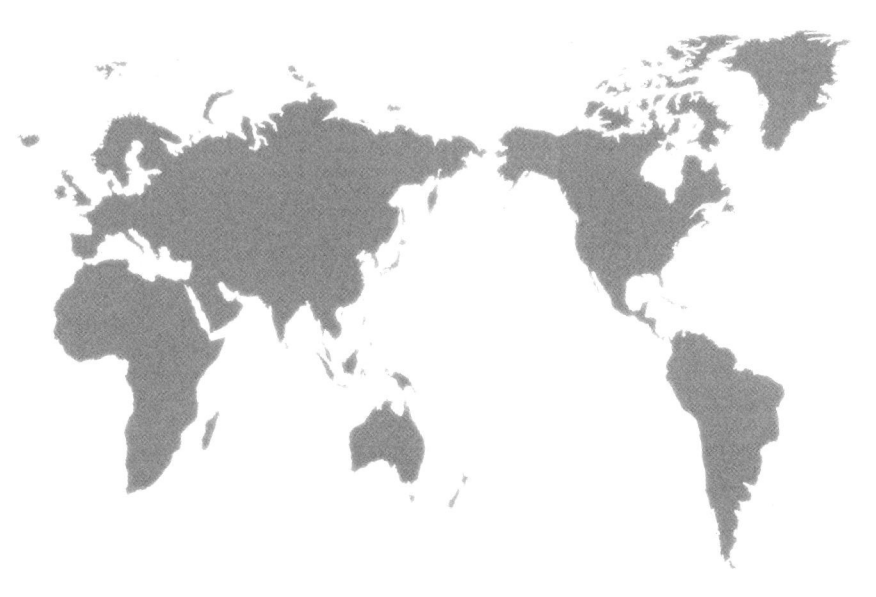

"二战"后，美国和苏联成了世界的"两极"，开始了漫长的争霸战。在此期间，贸易成为美苏关系的晴雨表，在美苏关系好转时，美苏贸易有所回暖；在美苏关系恶化时，美苏贸易战就会爆发。美国针对苏联经济结构与体制的弱点，经过精心的策划，把粮食与石油作为贸易战的重点领域进行突破，最终苏联的大厦轰然倒塌。

## 01 面包依赖

"二战"结束后,美国迅速从战时经济转向和平经济,迎来了发展的黄金时期。彼时,美国已经成为事实上的世界经济首领[1]——拥有资本主义世界工业生产的一半,外贸出口的三分之一,黄金储备的四分之三。不仅如此,美国还成为世界上主要的粮食出口国,而美国庞大的粮食出口量与它的自然环境有着密切关系,美国的耕地面积达

---

[1] 为挽救西欧濒临崩溃的经济,将西欧各国置于自己的控制之下,并将其变为反苏的基地,美国提出了"马歇尔计划"。1947年6月5日,美国国务卿乔治·马歇尔在哈佛大学发表演说,首先提出援助欧洲经济复兴的方案,他说,当时欧洲经济濒于崩溃,粮食和燃料等物资极度匮乏,而其需要的进口量远远超过它的支付能力。如果没有大量的额外援助,就会面临性质非常严重的经济、社会和政治的危机。他呼吁欧洲国家采取主动,共同制订一项经济复兴计划,美国则用其生产过剩的物资援助欧洲国家。1947年7月至9月,英、法、意、奥、比、荷、卢、瑞士、丹、挪、瑞典、葡、希、土、爱尔兰、冰岛16国的代表在巴黎开会,决定接受马歇尔计划,建立了欧洲经济合作委员会,提出了要求美国在4年内提供援助和贷款224亿美元的总报告。1948年4月,德国西部占领区和的里雅斯特自由区也宣布接受马歇尔计划。1948年4月3日美国国会通过《对外援助法案》,马歇尔计划正式执行。计划原定期限5年(1948年至1952年),1951年底,美国宣布提前结束,代之以《共同安全计划》。美国对欧洲拨款共达131.5亿美元,其中赠款占88%,余为贷款。

28亿多亩，占国土总面积的20%以上，占世界耕地总面积的13%。其土质极好，有机质含量极高，特别适宜农作物生长。粮食对于民生的重要性不言而喻。战后的美国一直将粮食贸易作为外交手段打压竞争对手，基辛格就曾公开宣称："如果你控制了石油，你就控制了所有国家；如果你控制了粮食，你就控制了所有的人。"于是美国人经常在粮食价格方面漫天要价，让老对手苏联既无奈又无法摆脱对美国的"面包依赖"。

20世纪70年代是苏联历史上的鼎盛时期，苏联政局稳定，经济高速发展数十年，已经成为超级大国，与美国的军事争霸进行得顺风顺水，居民生活水平也有显著提高。然而，就在这样一个时期，苏联却多次出现严重的粮食危机。

拥有全世界最多耕地的苏联为什么会遇到粮食危机？这里面的原因很复杂。事实上，直到20世纪初，俄国一直是世界上最大的粮食出口国，占据了世界粮食出口总量的45%。后来为了工业化，斯大林开始搞强制性的集体农庄和国营农场，土地、生产工具和牲畜公有化，结果是农民宁愿杀掉牲畜，也不愿无偿地交给集体农庄。

从1928至1933年的集体农庄推行期，苏联的耕牛从3070万头下降到1960万头，羊从亿只剧减到5000万只，马从3350万匹降到1660万匹，农民的生产积极性受到严重挫伤。从此之后，粮食产量逐年下降，尽管到了60年代，苏联加大了农业投资，但是产量却一直不高，粮食安全成了苏联的软肋。此外，苏联长期以来注重以国防工业为代表的重工业，"要大炮不要黄油"造成了其他产业特别是农业发展严重滞后。

20世纪60年代的统计数据显示，苏联的粮食产量甚至不及"二战"前的一半，尽管当时的苏联政府不断向民众宣传，苏联的牛奶和黄油产量很快就将赶超美国，但实际情况却是粮食匮乏。因此，早在60年代，苏联就曾被迫从加拿大等西方国家进口大量粮食，苏联人还因此编了一些段子，比如："赫鲁晓夫同志表演了一个魔术，他在哈萨克斯坦种小麦，而在加拿大收割。"1963年，苏联从美国进口了1200万吨粮食，而美国则迫使苏联向其低价出口石油。其后，由于美国对粮食出口做出了诸多限制，两国的粮食贸易基本上处于断流状态。

但是进入70年代后，粮食危机频频爆发，苏联领导人被迫公开承认国内粮食供应不足，并许诺增加粮食生产。苏联采取了多项措施，比如鼓励开垦荒野以增加粮食产量，并付给在荒地上耕作的农民较高的薪资，但是粮食也只有少量增加，对于苏联粮食的巨大缺口来说，无异于杯水车薪；尝试通过购买价格不菲的高效牵引机、联合收割机和其他装备，来提高农产量；停止将粮食和谷物输出到东欧附属国家等。但是粮食问题依然没有得到解决。1972年，由于连续遭遇极端气候，苏联粮食大量减产，面粉和白面包已经不能按需供应，为了摆脱粮食危机，苏联只好试着从老对手美国那里加大粮食进口。

## 02 "粮食劫案"

1972年对苏联来说是一个糟糕的年头,农业严重歉收,出现了规模空前的粮食危机。按照美国一贯的"粮食战略",苏联要想从美国大量进口粮食,必然付出巨大的代价。于是苏联发动了一场"暗战",最终成功地以最小的代价从美国抢购了大批粮食。

其实,之前美国就听说了一些苏联减产的消息,但是苏联却对外宣称当年可能是苏联近20年来最大的丰收年,美国当然不可能随意相信对手的新闻宣传,但奇怪的是,他们从卫星照片上看到的情况也是这样——苏联的麦田一片金黄,风吹麦浪,到处是一派丰收的喜人景象。一些奉命考察苏联粮食产量的间谍传回的消息也是如此,他们在苏联的各个产粮区都看过了,到处都是金灿灿的麦田,苏联确实迎来了一个丰收年。

毕竟是一笔大宗生意,关系到美国的出口战略,因此美国政府还是不放心,担心苏联作假,于是他们决定派官员实地考察。当美国的考察人员抵达苏联粮食主产区黑海沿岸时,看到的同样是一望无际的金黄色麦浪,于是向农业部门发出秘密电报:"苏联粮食丰收,建议迅速抛售仓库的粮食。"再一次确认后,美国已不再怀疑,于是迅速调整了国内农业生产与出口对策,而苏联此时已经派出代表团前往美国,准备大量抢购美国粮食。

为什么苏联的粮食产量能瞒过美国人呢?原来,由于小麦品种及气候的原因,苏联的麦子虽然看起来穗大饱满,但实际上大部分颗粒都是中空的，实际产量极低。

由于确信苏联粮食即将迎来大丰收，美国粮食市场出现了巨大波动，小麦价格跌入近几年来的低谷，囤积了大量粮食的粮商们开始迫不及待地低价抛售库存。苏联派出的秘密采购员们赶上了大好时机，他们迅速与美国粮商展开了秘密交易，小麦、大麦、玉米、燕麦、黑麦和大豆等都在他们的采购之列。

1972年7月，白宫对外宣布，美国政府已同苏联签订了一项7.5亿美元的信贷协定：苏联同意在今后3年内购买价值7.5亿美元的美国谷物，美国则同意随时提供5亿美元的贷款专供苏联之需。但实际上，苏联已经在暗地里抢购了1800万吨美国小麦以及其他杂粮。与苏联采购商交易的美国公司是"大陆谷物公司"，双方在希尔顿饭店达成了秘密协议，苏方同意采购400万吨小麦外加450万吨饲料谷物，而"大陆谷物公司"则负责游说美国农业部，通过政府补贴等手段维持先前的粮食价格。接下来，"全苏粮谷"又秘密与另外几家美国粮商达成协议，签订了一笔又一笔大合同。于是，当美国政府还以为苏联是在采购饲料谷物时，苏联人其实已经以非常低的价格买走了美国三分之一的粮食，并获得了美国政府的农业补贴，美国因此少赚了30亿美元。

到了收获季节，苏联的真实产量曝光，让美国人既气愤又尴尬。这还不是最糟的，最糟的是由于苏联买走了美国的大量粮食，美国的粮食库存严重下降，当年小麦的价格翻倍上涨，连带玉米和大豆价格也翻倍了。为了缓解国内粮价上涨幅度过大的问题，美国甚至不得不发布了大豆出口禁令。这场"粮食大劫案"带来的影响还不止如此，美国的猪肉、牛肉价格也上涨了36%以上，同时带动世界各国粮食价格上涨了50%。

这一战苏联大获全胜，过了几年，苏联又把这个戏法玩了一次，美国再次中招。

1977年，苏联农业专家接连在报纸上发表文章，宣称当年是一个丰收年。苏联人还带着美国农业部的巡视员去农庄看玉米和小麦的良好长势，后来美国巡视员才知道他们看到的都是"特例"。我们不能说美国没有吸取教训，因为美国在1972年之后就规定，以后苏联从美国进口粮食，不但要保证每年至少购买600万美元的粮食，而且如果购买量超过800万吨，还必须及时向华盛顿如实汇报，登记备案。但是这种严密防范并没有起到什么作用。苏联一方面通过正式渠道从美国购买了一定量的粮食，另一方面派代理商从美国粮商在美国的办事处那里进行了大量粮食交易，此外，苏联还从加拿大、澳大利亚、印度等国进口了所需的各种粮食。这样一来，在美国还没有察觉的时候，苏联已经基本完成了当年的粮食购买计划。

到了1977年底，苏联领导人宣布农业歉收，当年的产量是几年来的最低值。但是这时，美国已经没有什么操作余地了，由于大规模购入了所需粮食，苏联已经成功地解决了眼前的粮食危机。

虽然苏联曾经两次躲过了美国的"要挟"，成功地购买到了所需的粮食，但是苏联的粮食危机并没有真正得到解决。而且依靠对手来供应粮食，这本身就是一件危险的事，如果美国真的将粮食贸易作为反制手段，就可能带来巨大的危机。

## 03 粮食禁运

原美国农业部长约翰·布洛克曾说过："粮食是一件武器，用法就是把各国系在我们身上，他们就不会捣乱。"进入20世纪80年代后，美苏关系越来越紧张，正常的贸易往来也带有越来越浓厚的政治色彩。

1980年1月4日，卡特政府为抗议苏联武装入侵和占领阿富汗，宣布对苏联采取部分粮食禁运，即只提供协定中规定的800万吨，取消了额外增加的1700万吨额度。"饥饿迫使苏联人屈服"，卡特政府企图以此来迫使苏联从阿富汗撤军。为了达到上述目的，美国还同欧盟、加拿大、澳大利亚等其他粮食出口国达成攻守联盟，决定共同采取行动，停止供货的合同。

这并不是美国第一次用粮食来打贸易战，我们可以从历史上找到很多例子。比如1970年阿连德当选智利总统后，美国立即减少了对智利的小麦出口，同时还阻止国际机构向智利贷款，致使智利国内出现动荡，政局不稳。1973年阿连德总统被推翻以后，美国立即恢复了对智利的粮食出口；1965至1967年美国因不满印度的农业、人口和汇率政策而中断实施向印度提供粮食的协议；1973年美国以10万吨粮食为筹码，迫使面临严重粮食危机的埃及政府接受基辛格和平计划……总之，粮食禁运和粮食贸易战远比我们想象中发生的频繁，从20世纪50年代到80年代初，全世界共发生10次粮食禁运，其中8次禁运是由美国发起的。

当我们再回头看时，就会发现美国一直试图联合世界主要粮食出口国创建一个国际性垄断组织，通过操纵粮食价格及出口量，来掌控或打击目标国家。比如对苏联，美国不仅联合一些国家迫使苏联签署粮食供应长期合同，还曾利用粮食禁运对苏联进行制裁。

1979年底，苏联入侵阿富汗，美苏争霸开始进入高潮，两国关系再次转冷。除了在高端技术、农产品、军事设备、电子、通讯、化工、机械、自动化设备等领域对苏联实行禁止贸易、出口配额、中止投资等严厉政策以外，美国还对苏联进行了粮食禁运，卡特总统仍试图用"饥饿迫使苏联人屈服"。

1980年1月4日，卡特政府宣布对苏联实施粮食禁运，中断1700万吨粮食贸易的出口合同。但是出乎美国人意料的是，这次的粮食禁运并没有达成他们想要的效果，反而打击了美国国内的农场主。这是怎么回事呢？

我们先说外部。美国虽然拉拢欧盟、澳大利亚等一些国家组成统一阵线，但是这个阵线并不牢固——各国对美国阳奉阴违，在苏联开出的高价收购攻势下，不肯错过一桩买卖。加拿大、澳大利亚等国都在美国开始粮食禁运后又继续向苏联追加粮食销售，甚至美国国内的粮商都在通过各自的海外分公司将粮食转出口到苏联。最终，粮食禁运的效力连一年都没到，统一阵线就在事实上分崩离析。

美国国内的形势也很不妙。美国本身是粮食出口大国，政府突然宣布禁运，美国农场主种出的粮食卖给谁？各个粮商库中的粮食又卖给谁？大粮商们已经签订了数额巨大的粮食期货合同，而禁运让他们如何持有这些合同？对于已经签订的合同，粮商与银行如何处理？总之，在粮食禁运后，美国粮食市场出现了巨大的混乱。

还有一个最直接的后果，卡特总统因为自己的粮食禁运政策在连任竞选中败给了里根。大选中，里根猛烈抨击了卡特政府的粮食制裁政策，他认为粮食禁运对苏联这样的大国根本不起作用，反而严重损伤了美国农场主的利益。他还承诺一旦当选就结束粮食禁运。于是，大量美国农民的选票转向里根。

1981年4月，里根入主白宫，几个月后便宣布解除禁运，终结了这次历史上最大规模的粮食贸易战，同时开始了新型对苏战略，逐渐对苏联实行粮食贸易自由化，加深苏联对外部世界的粮食依赖，最终将苏联卷入西方的贸易体系中，逼得苏联在油价下跌的时代拼命开采石油赚取外汇，以购买粮食，最终大大加速了苏联的终结。

1989至1990年全球农业歉收，谷物（尤其是小麦）价格上扬，这让本来就负担沉重的苏联雪上加霜。负债达670亿美元的苏联开始无法如期付款给进口粮食的外国供货商，导致很多粮食进口中断。在国内，人们为了购买蔗糖、奶油、米、盐和其他基本食物而在商店前排起了长队，后来有人描述说："迫不得已，我们只好拿强势货币和贷款向外国购买面包。但我们的信用已经不被信任……乡下也没有面包……我开车在莫斯科四处转……面包店不是关门上锁，就是货架空得吓人。"结果苏联的各个共和国纷纷闹起了独立,最终造成了社会动乱和苏联瓦解。

我们不能说是粮食贸易导致了苏联解体,因为还有许多其他因素,但若说苏联是在粮食危机中解体则确实是没有错的——食品的短缺引起了社会的不满,并转化成对政府的否定和不信任。

还要指出的是,贸易战从来都是双刃剑,在杀伤别人的时候也会刺痛自己。美苏粮食贸易战中,不仅苏联利益受损,美国其实也遭受了巨大的经济和外交损失。从经济上来说,美国对苏联禁运使得国内粮食行业受损明显;从外交方面,美国强制要求欧盟、澳大利亚等第三方国家禁止或限制向苏联进口则损害了相应第三国的利益,也引起了这部分国家对美国霸权主义的反感。

# 第十三章

# 美苏贸易战之石油危机

1981年里根总统入主白宫后，将原本的美苏贸易战进一步升级改造，一方面用"星球大战"计划把苏联引上与美进行军备竞赛的快车道，从经济上消耗苏联国力；另一方面则进行了石油贸易战，使世界石油价格低位运行，切断苏联军备竞赛所需资金来源，彻底拖垮了苏联经济。在这一过程中，美国借助海湾战争和苏联的解体最终实现了中东石油霸权。

## 01 石油美元

在前一章中，我们谈到了美苏的粮食贸易战，美国通过贸易战给苏联挖了一个大坑——"石油换粮食"：20世纪80年代苏联的主要进口项目就是粮食和食品，苏联向资本主义国家出口石油收入的大部分实际上都用于购买谷物和食品，而苏联只能在石油–美元–粮食这样的循环中辗转，一旦其中一环出现了问题，就会导致整个贸易链条的崩溃。

粮食问题一直是苏联的死穴，从20世纪60年代起，不得不依靠大量进口粮食才能满足国内所需，这样一来就需要大量的美元。最初，苏联曾经被迫用黄金储备换粮食（1963年曾动用国家三分之一的黄金储备进口粮食），但是再多的黄金储备也支撑不了这样大量长期的粮食进口，幸好1965年苏联政府在西西伯利亚陆续发现了大批油田，这些油田石油储量丰富，多为自喷井，出油量高。更幸运的是，苏联还搭上了高油价时代[1]的快车，油价一再上涨，从每桶不到3

---

[1] 20世纪70年代初期到20世纪80年代，世界油价多次出现飙升，进入高油价时代。

美元暴涨至13美元，苏联卖石油赚外汇赚到手软，国库一下子充盈起来。让苏联头疼的问题就这样解决了——出口石油不但让苏联拥有了进口粮食的充裕资金，而且让苏联有了跟美国争斗的底气，于是也就有了"美苏争霸"。

这是属于苏联的辉煌岁月。受到石油红利的刺激，苏联1970至1986年对石油天然气工业的投入提高了1至2倍，而对西西伯利亚油气工业每投入1卢布，三年就可以收回30至40卢布的高额利润。建立在石油美元基础上的虚假繁荣稳定助长了低效僵化体制的发展，石油大量出口换汇，苏联的经济状况不用任何改革就得到了改善，还可以大量购买外国先进设备和消费品，居民生活水平也得到了提高。但是石油美元更加助长了苏联与美国争霸的野心，后来有人统计了苏联20世纪80年代对第三世界国家提供经济和军事援助的惊人数字：每天3500万美元！全年累计高达128亿美元（不包括苏联对东欧卫星国的援助）。其中每年援助亚洲的越南35亿美元、拉丁美洲的古巴49亿美元，尼加拉瓜10亿美元、非洲的安哥拉、莫桑比克、埃塞俄比亚30亿美元。当时苏联大多数人都非常乐观，他们虽然不会天真地认为石油价格会无限制地上涨，但是普遍认为油价上涨到一定程度后会稳定下来，苏联的石油在相当长的时间里会给他们带来源源不断的"美元"，于是全国上下沉浸在一片乐观的期许中。

但是情况真的这么乐观吗？

首先，在繁荣的石油贸易背后隐藏着一个事实，那就是苏联的经济结构完全是扭曲的，苏联的所谓强势经济仅靠军工和石油资源支撑,轻工业聊胜于无,粮食依赖于进口。于是苏联经常会出现这样滑稽的一幕:一边是可以称霸世界的坦克大军,一边是等待面包的饥饿人群,而石油是唯一的救星,解决苏联粮食问题的灵丹妙药。西伯利亚的石油开采企业经常会收到苏联部长的电报请求,内容大概是:"急需面包,计划外再多开采一些石油吧。"

其次,尽管苏联是当时的主要产油国,但并不掌控石油定价权,而世界石油市场的价格又严重影响着苏联经济的生存能力——石油价格每桶增加1美元,就意味着克里姆林宫获得大约10亿美元的外汇,反之石油价格下降则意味着收入减少。严重的资源依赖也暗藏着巨大的风险。

美苏的石油贸易以1970年作为转捩点。之前,美国是原油净出口国,而苏联原油产量极低,开采技术落后,是一个原油净进口国。其间,美国利用"巴统"[1]限制对苏联的原油出口及石油设备供给;之后,世界石油危机爆发,苏联在此时跃升为世界第一大产油国,而美国却逐渐转变为原油净进口国,于是就形成了前文所说的石油换粮食的常态贸易,而紧张的美苏关系也因此获得了一定的缓和。

---

1 全称是输出管制统筹委员会,是1949年11月在美国的提议下秘密成立的,因其总部设在巴黎,通常被称为"巴黎统筹委员会"。这是第二次世界大战后西方发达工业国家在国际贸易领域中纠集起来的一个非官方的国际机构,其宗旨是限制成员国向社会主义国家出口战略物资和高新技术。列入禁运清单的有军事武器装备、尖端技术产品和稀有物资等三大类上万种产品。"巴统"有17个成员国:美国、英国、法国、德国、意大利、丹麦、挪威、荷兰、比利时、卢森堡、葡萄牙、西班牙、加拿大、希腊、土耳其、日本和澳大利亚。

但是在这期间,双方围绕着贸易的明争暗斗也没有停止:1975年,美国曾试图借着苏联的粮食危机,将廉价原油进口与农产品出口绑定,但苏联最终迫使美国让步,美苏之间达成每年600至800万吨的农产品贸易协定。

## 02 逆向冲击

20世纪70年代,苏联通过石油出口极大地改善了自身经济状况,但是高油价也导致了发达国家的经济衰退,各个国家纷纷调整能源政策,降低石油消费,其中就包括美国。在这一时期,美国在美苏争霸中也被迫处于守势。因此,无论是出于政治还是经济上的原因,国际能源市场都在酝酿着变局。

1981年,里根总统入主白宫,这位二流演员出身的总统却是美国历史上出名的强势总统,他对美国传统上的对苏政策很不满意,并提出了新观点:"冷战前30年,美国一直遵守游戏规则,没有越过雷池半步。但这种寻常手段无法赢得冷战竞赛,美国必须扬长避短。"正所谓"新官上任三把火",里根的三把火烧得很不一般:第一,里根在美国搞了一系列恢复市场、放松政府管制与私有化的活动,掀起了一场"新保守主义"的风潮;第二,里根提出了"星球大战"计划,希望通过新一轮的军备竞赛拖垮苏联[1]；第三，里根决定打击苏联可以换取外汇的领域，彻底搞垮苏联经济。

美国中央情报局受命对苏联经济格局做了分析，他们准确地抓住了苏联的"七寸"——石油贸易。如果国际石油价格下降，苏联出口换汇的能力和外汇储备也会随之下降，主权风险就增加。再加上在与美国搞耗资巨大的军备竞赛，苏联会很快耗尽它的实力。

计划定下了，之后就是实施问题了，该从哪里入手呢？

前面我们说过，苏联并不掌控国际石油的定价权，在20世纪80年代，能对国际油价产生影响的单个产油国只有沙特阿拉伯。当时沙特已探明的石油储量1700亿桶，占到了世界的四分之一强，沙特的石油生产还很有弹性，完全有能力迅速增加产量，在欧佩克组织中有着举足轻重的地位。苏联境内的石油储量虽然也很丰富，但是相比之下开采难度要比沙特等国大得多，开采费用也是沙特的好几倍。当时，苏联与沙特的关系还是竞争对手，在1973年和1979年两次石油危机期间，苏联就曾经大幅增产，拒绝与欧佩克限产保价相配合。

当时的大背景是，世界石油市场略微供大于求，出于石油国家的

---

[1] 美苏争霸成为战后国际政治关系的主流，也是美国进一步加强其霸主地位的关键步骤。双方的争夺在各个方面全面展开：第一，常规武器竞赛。战后，美、苏在冷战中大规模加强常规军备。双方不断更新各种武器装备并发展现代技术，以服务于军事、政治目的。第二，核武器竞赛。20世纪70年代，美、苏核武器竞争激烈，结果双方拥有世界核弹头库存总数的97%，同时双方在核武器运载工具、多弹头分导等高技术领域的研制方面投入大量人力和物力。第三，太空武器竞赛。20世纪80年代军备竞赛转向太空和其他高技术领域，美国制定的星球大战计划即是例证，而最终的结果是拖垮了苏联，美国成为世界上唯一的超级大国。

利益考虑，许多欧佩克成员国要求沙特削减出口以提高石油价格，这也是符合沙特自身利益的。但是美国这时候却找上了沙特。美国中央情报局局长凯西亲自赶去了沙特，要求沙特不向其他欧佩克成员国屈服，实行"逆向石油冲击"，增加原油产量以降低国际油价。作为回报，美国会向沙特出售一些尖端武器，以保证沙特的安全。当时，沙特确实因为苏联的向南扩张策略和周边的战火[1]而对自身安全感到担忧，再加上美国的态度也比较强硬，不希望因此得罪美国，最终沙特答应了美国的要求。

当然，除了沙特之外，美国也说服了其他一些产油国共同进退。

1985年8月，时机成熟了。在美国政府的授意下，沙特阿拉伯果然实行了"逆向石油冲击"战略，一场石油贸易战开始了。沙特阿拉伯在短时间内就将自身石油产量提高了两倍多，石油出口从每日不足200万桶猛增到每日约900万桶。其他一些产油国也跟着增产。这么一大批原油注入国际市场，产生的影响是可以预料的，国际油价迅速下跌。11月的时候，油价还是每桶30美元，短短5个月后，就已经跌到了每桶10美元。

美国也努力配合着"逆向石油冲击"来压低油价，主要办法就是缩减石油需求（每天只能购进14.5万桶石油），战略石油储备也被缩减。这一点对于美国来说也没什么麻烦的，因为美国在20世纪70年

---

[1] 当时，在沙特阿拉伯的北边，伊朗和伊拉克正进行一场长期战争；西边叙利亚和北非的利比亚，也和伊朗一齐反对沙特的王室政权；东北部的阿富汗战争，也给沙特阿拉伯带来了较大的压力。

代就开始构建战略石油储备。此外,西欧和日本也被美国动员起来配合行动,一旦发现油价有上涨趋势,就要抛售战略石油储备,平抑油价。

油价的暴跌完全出乎苏联的意料,苏联政府致信沙特阿拉伯,谴责其发动石油贸易战。但是这时候说什么都已经晚了,油价暴跌造成的影响很快显现出来。

## 03　苏联解体

国际油价下跌起初,苏联只是少赚了一点儿。苏联并没有人预见到这一情况将给苏联外贸以及外汇金融系统带来何种灾难性的后果,相反苏联国内还有一种观点,认为油价的下跌只是暂时现象,毕竟他们已经习惯油价的不断上涨了。但后来的事实证明这种想法实在太过天真了。

我们知道,石油和天然气是苏联的支柱性产业,所赚取的外汇占了苏联全部外汇的七成,而这些钱基本上都被用来向西方国家购买日益短缺的粮食、其他轻工业民生用品和技术设备。现在油价暴跌,苏联的外汇收入锐减,到了后期石油收入甚至比不上开采的成本。苏联开始无力从西方进口先进技术设备、粮食和消费品,更别说向东欧卫星国以及越南、古巴等盟国和世界战略要地提供经济和军事援助了。

苏联能源部的统计显示,1985至1988年的世界油价下跌,油价从高峰的每吨212.6美元降低到1988年的每吨93美元,价格下降了

129%，致使该国四年间共计损失400亿卢布。但是国际油价下跌对苏联造成的影响还不仅如此，苏联的军火生意也被拖累了。在石油生意红火的70年代，苏联出售给中东国家的军火增长了五倍。但1985年以后，由于油价猛跌，伊朗、伊拉克和利比亚的石油收入减少了50%，所以苏联的军火销售量也减少了20%。1986年，苏联的经济增速严重放缓，随后出现了连续三年的负增长。

彼时，戈尔巴乔夫刚刚上台，正在努力推行他野心勃勃的政治和经济改革计划，结果却遭遇迎头一击。低油价给苏联带来了严重的财政危机，国内生活水平严重下降，因为缺少外汇，民生必需品极度匮乏，牛奶、肉类、食用油、砂糖等严重短缺，苏联人经常排两三个小时的队都买不到所需商品，而且资金短缺使新工厂延期落成，大型工业计划被迫取消，煤矿、油田和天然气井所急需的新技术装备停止从西方进口。最后，苏联甚至没钱支付货运，将已经购买的粮食运到苏联，国家濒临破产，民众怨声载道，吃不上饭的民众和蠢蠢欲动的野心家们纷纷走上街头闹事；军队利益严重受损，甚至困难到军饷都不能按时下发……事实上，苏联已经破产了。

1991年，压垮骆驼的最后一根稻草落下，美国解冻战略石油储备，"油霸"沙特阿拉伯又一次将石油产量提高了3倍。苏联政府已经拿不出第十三个五年计划（1991—1995）里维持石油稳产在5.8亿吨所需要的1100亿卢布，苏联政局不稳，人心浮动。

1991年11月，英国前首相撒切尔夫人在演讲时做了一个著名的预测："我负责任地告诉诸位，不出一个月的时间你们就会听到法律上苏联解体的消息。"两周后即1991年12月8日,白俄罗斯、俄罗斯和乌克兰签署了宣布苏联停止存在和建立独立国家联合体的别洛韦日协议,协议的第一条规定"缔约各方组成独立国家联合体"。12月25日,苏联总统戈尔巴乔夫宣布辞职;次日,苏联最高苏维埃召开最后一次会议,以举手表决的方式宣布苏联解体为15个独立的主权国家,飘扬在克里姆林宫的镰刀锤子旗被三色旗所取代。

  回看这段历史,我们会发现,美国发起的石油贸易战虽然是导致苏联债台高筑、财政濒危的直接原因,但苏联过度依赖重工、军工的严重畸形经济结构,也早已为其发展埋下了不良的种子。我们还要说的是,与传统战争不同,贸易战的结果不仅取决于综合国力的强弱,还与各国政府的决策是否果断明智,应对是否灵活、是否有足够远见,执行力是否坚决等息息相关。比如庞大的苏联被一次油价大跌击倒,从中我们就可以获得一些启示和借鉴。

# 第十四章

# 抗美援朝战争背后的贸易战

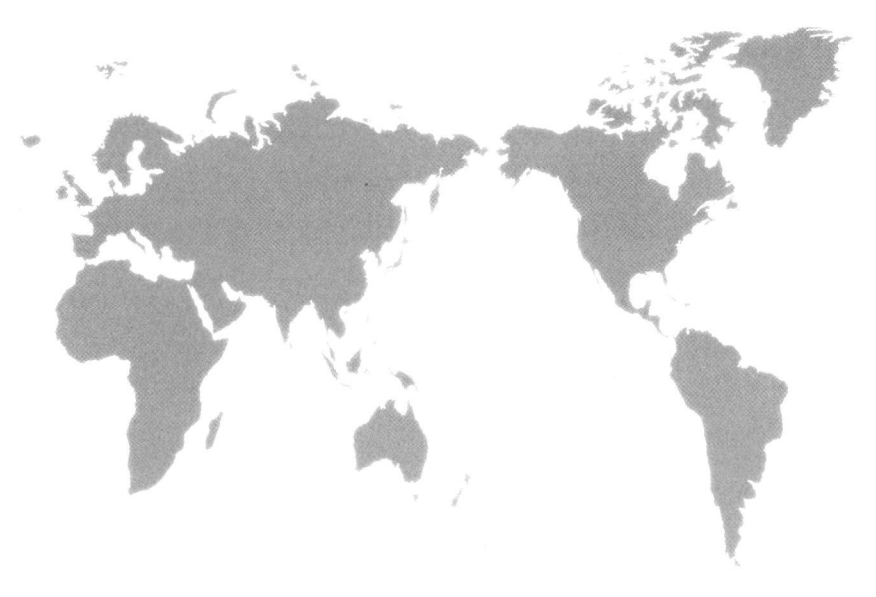

抗美援朝战争爆发于20世纪50年代初,是朝鲜战争的一部分。其间中国不但在战场上碰撞、挑战着当时世界上最强大的军队,在经济贸易领域也与美日英等国展开了一系列激烈的斗争。

## 01　禁运风云

中华人民共和国建立初期，美国的对华经济政策应该分为两个阶段：从1949年初到1950年6月朝战爆发前，美国执行的是一种相对较为宽松的贸易政策；而在之后美国开始对华封锁禁运，拉着一众盟友与中国打起了贸易战。

1949年初，美国推出了对华政策的NSC41号文件。41号文件规定，允许恢复新中国与日本和西方世界的一般性贸易关系，但这是一种有限贸易，文件参照当时美国对苏联等国实行的禁运政策，具体规定除直接军用品外，因"战略缘故"禁止或严格限制向苏联、东欧和朝鲜出口的"非军用物资"可向中国出口；某些对美国安全"有重大关系"且为必需的重要工业、交通和通信设备，只要中国保证不向苏联及其"卫星国"转售，可向中国出口。为防止这些重要物资通过中国转入苏联东欧地区，美国也可根据战前标准对中国工业需要量进行评估，按需供给。至于私商对华贸易及对华大宗非战略商品贸易，文件规定应"只受到最低程度的管制"。客观地说，虽然这一时期美国对华施行了一种僵硬的出口管制政策，但是也留下了一定的余地。之所以会形成这样的局面，首先是为了分裂中苏，其次也是因为作为经济头号大国的美国，自信对中国经济有无与伦比的影响力，他们认为新中国在经济重建方面遇到难题后，必然只有求助于西方国家一条途径。41号文件颁布后的一年，中日贸易额约达4000万美元，美对华出口约为0.83亿美元，进口额约为1.064亿美元，总值近2亿美元，约占中国外贸总额的四分之一，美国仍然是中国重要的贸易伙伴。

但这种具有一定现实成分的对华经济政策只是昙花一现。朝鲜战争爆发后，美国立即改变了态度，决定比照对苏联等施行过的贸易管制原则，加大对华1B产品贸易出口的控制范围（事实上更严厉），尤其是扩大到石油和石油产品系列。

6月美国在华石油公司停止向中国运送石油产品，停止与中国洽谈新的石油产品供货合同，接下来，美国还强迫英、法、比、荷、加、日、印尼、中南半岛国家、新加坡及南美各国参加对华石油产品禁运。在美国的反复施压下，英国于7月也同意参加对华石油及石油产品的禁运。同月，在美国的主导下，"巴统"认可了对中国石油产品的禁运政策。石油禁运重创了新中国的经济，因为建国初期，我国石油供货主要依赖于英国壳牌石油公司、美资德士古石油公司和美孚真空石油公司等几家西方大石油公司。

中国出兵朝鲜后，在战场上接连获胜，美国也迅速加大了对华贸易制裁的力度。这一时期，美国决策集团已经逐渐形成了对华贸易战的内容：1.禁绝美国对华一切出口；2.冻结所有中国在美资产；3.禁绝美国对华船运活动；4.禁绝中国对美出口；5.争取盟国合作，实行囊括所有西方国家参加的对华多边禁运。1950年12月2日，美国商务部下令对中国实行贸易出口许可证制度，规定对运往中国大陆、香港和澳门的一切美国出口产品，不论是否列入绝对禁运单，都实行出口许可证制度，由美国外贸区前往中国的船运也适用这一规定。规定标志着美国对华全面经济战的开始。命令生效，美国对华出口贸易完全中断。为了防止中国通过第三国套购美国物资，美国政府还下令控制所有中国在美资产及禁止所有在美国注册的船只前往中国港口。

这还仅仅是全面贸易战的第一步。1951年，美国又借着联合国的名义，把对华贸易控制、船运禁令和资产冻结措施从美国本土推广到整个西方世界，并在联合国通过了联合制裁中国的提案。即使这样，美国依然不满足，并再次推动联合国做出决议，对中国进行海上封锁和全面禁运。这一次，美国的目的没能达成——鉴于可能对自身产生的消极影响，英、法等西方盟友对此表示坚决反对，而且朝鲜停战谈判也即将开始，美国政府的这一全面禁运才最终未能施行。

纵观美国发动的对华全面贸易战，难点之一就在于争取盟国支持，因为美国多数盟国在对华贸易上的利益和政策立场与美国并不一致，比如日本就是其中之一，这场贸易战中，日本因素也值得我们重点关注和分析。

## 02　中日贸易

日本是个岛国，资源匮乏，在朝鲜战争爆发之前，中国一直是日本最大的原料来源国，换言之，日本经济受中国的影响非常大。到8月为止，1950年中日进出口总额为3500万美元，约占同期日本对外贸易总额的3.3%，这个数字可能不太起眼，但同时日本从中国进口额约为其对中国出口额的4倍，而且日本进口品集中于少数几大类产品，在日本进口产品中占比较大。比如，从中国进口的焦炭量就占到了日本总进口量的25%。对中日贸易禁运后，日本只能找其他价格高昂的替代资源，给日本也造成了巨大的经济损失。

1950年6月朝鲜战争爆发后，驻日盟军总部完全停止批准日本对华出口1B类产品，仅允许已签订合同的1B类产品继续出口。禁令接连而出。1950年12月6日，总部根据商务部禁令，又下令全面禁止日本一切对华1B类产品出口，包括废止已签署但未执行的1B产品出口合同。随后在麦克阿瑟的主管下，报复性地迫使日本奉行最严厉的贸易禁运政策。结果，两国间的贸易额急剧下滑。1952年，中日间贸易额仅为1550万美元，月均130万美元，其中日本1952年对华全年出口仅50万美元，中日贸易几乎断流。失去了中国市场，日本的商品因此而出现了严重滞销的现象，出口商被迫降价出售大批商品。例如，过去日本售给中国的马口铁价格为每吨280—300美元，中日贸易断绝后卖给美国的价格降至每吨220—250美元。这使很多企业特别是中小企业陷于破产，失业人数大大增加，造成日本经济衰退、破败的境况。

  日本方面对禁运给日本造成的经济损失一方面感到忧虑，一方面又希望能讨好美国，获得政治上的利益以及最终的独立。1951年1月，日本"二战"后的第一任首相吉田茂在与杜勒斯会晤时提出"贸易是贸易，战争是战争"，希望美国不要禁运正常的中日贸易，结果杜勒斯却用僵硬的冷战式话语回复说："在目前的世界形势下，自由世界有必要做出牺牲。"

  为了让日本追随自己的脚步，美国还给了日本很多"回报"：比如为日本提供大量的"特需"订货、向日本提供特别援助、暗中许诺将给予日本"宽大的和平"作为其参与遏制新中国的奖赏等。结果在抗美援朝战争期间，日本彻底将自己绑上了美国的战车，完全按照美国的意愿，采取了较西欧国家更彻底的对华贸易禁运政策。

  但是在对待中日贸易禁运的问题上，日本的态度并不是铁板一块。日本各界有识之士普遍认为，吉田政府在中日贸易问题上的不作为会导致日本经济因失去中国市场而持续衰退下去，与此同时，中国政府也表示了积极发展日中友好关系包括双边贸易关系的明确态度。1952年6月，日本三位国会议员借参加国际经济会议之机绕道拜访中国，并分别代表日方三个民间贸易团体和中国国际贸易促进委员会签订了第一次日中民间贸易协定。这一情况让美国十分恼怒，为了平息美国的怒火，吉田政府公开宣称中日贸易协定在法律上和实践中均无效，于是在美国和日本政府的联合反对下，尽管中方一再将第一次中日贸易协定的期限延长，但是自该协定签订直到第二次贸易协定签订为止，在长达16个月的时间里，日中双方仅实现了合同规定贸易总金额的5%。

就这样，中日贸易的大门被关闭，在此之后，日本被接纳为巴黎统筹委员会的正式成员国，对中国执行了更严格的贸易禁运。

## 03 针锋对决

面对美国为首的西方国家的禁运政策，中国当然不可能坐以待毙，我国采取了一系列坚决的反禁运措施，努力打破西方国家的对华封锁。

在1950年12月美国对华全面禁运之后，中国政府针锋相对地发布了《关于管制美国在华财产和冻结在华存款命令》，根据这一命令，全国立即统一行动，对美国在华企业进行清理管制，并冻结了美国在华的公私存款。

中国还努力发展了对苏联和东欧国家的贸易。在联合国通过了全面对华禁运的决议后，中苏经过谈判，决定了1951至1954年间苏联向中国提供60个步兵师的武器装备的协议。此外，根据战争需要，苏联还向中国提供了飞机、坦克、高炮和汽车等装备和器材。1953年5月，中苏两国签订了苏联援助中国发展的协议书，向中国提供91个大型工程项目。至此，仅在抗美援朝期间，苏联即向中国提供了141个大型工程项目。作为回报，中国向苏联提供了农产品和橡胶等原料。

1950年中苏贸易额约占中国外贸的30%，1953年则为56.3%。

其他的东欧国家中，民主德国和捷克分别成为中国的第二、第三大贸易伙伴。特别是波兰，还同中国建立了中波合营轮船公司，中国或中国委托他国从西方进口的禁运物资，其中大部从该公司运输，对打破美国对华禁运起了重要作用。

值得一提的是，我国还与斯里兰卡建立了贸易关系。斯里兰卡是以种植园经济为主的国家，主要出口橡胶、茶叶、椰子，进口大米和日用消费品。20世纪50年代初，斯里兰卡水稻歉收，粮荒严重。斯里兰卡政府一再要求美国以合理价格向其出口橡胶，并以低于市场价从美国进口大米，均遭美国拒绝。所以，斯里兰卡转而向中国要求进口大米，马上得到中国政府的同意。1952年10月，中锡两国政府签订了大米和橡胶5年贸易协定，规定中国每年出口斯里兰卡20万吨大米，斯里兰卡每年向中国出口5万吨橡胶，占斯里兰卡出口橡胶的一半。这是中国与非社会主义国家签订的第一个贸易协定。更重要的是，我国有一个稳定的橡胶原料供应基地，而橡胶在军事上的意义，也不用多说了。美国这下当然不干了，要求斯里兰卡停止出口，但被斯里兰卡拒绝。

中国甚至还在西方世界打开了一个缺口——1950年10月中国与芬兰建立外交关系，而且芬兰没有参与对华禁运，中国因此积极与芬兰发展贸易关系。1952年9月，中、苏、芬在莫斯科签订了总额为3400万卢布的三角贸易协定，1953年中国和芬兰又签订了5000万卢布的贸易协定。这是中国与西方国家签订的第一个贸易协定。

1952年4月，中国派代表团参加了在莫斯科召开的第一届国际经济会议。在会上，中国代表团分别与英、荷、法、瑞士、意大利、比利时、芬兰、斯里兰卡、印尼、巴基斯坦等10个国家签订了总额为2.23亿美元的贸易协定。

事实上就是，美国主导的联大对华禁运并没有达到美国所希望达到的效果，西方世界仍然与中国存在贸易往来，这一点美国对外援助事务管理署署长在给国会的报告中也不得不承认——西方世界对华输送的物资，1951年为4.33亿美元，1952年为2.57亿美元，1953年为2.7亿美元，而中国的出口也从1952年的3.65亿美元增加到了1953年的4.25亿美元。

到了1953年初，由于停战谈判开启，也由于新中国推行拓展与西方国家的积极政策，西方国家与新中国贸易又呈上升势头。上半年达到了一个新的高潮，其中英国由1952年的4500万英镑增至6100万；联邦德国由280万美元增至2500万美元；法国由330万美元增至1240万美元；日本由50万美元增至450万美元。这种情况让美国政府非常不满，于是杜勒斯在停战后曾同时致电二十多个美国驻外使团，要求各个盟国继续维护对华的贸易禁运（日本曾在会上提出放松中日贸易的要求，但被否决）。在这种情况下，英、法、日等西方国家被迫屈从于美国的无理要求，开始又一轮的对华禁运高峰。据美方统计，1953年7月至12月，西方国家对华出口额约为1.1亿美元，较之同年上半年减少约5000万美元，暂时遏制住了西方世界的对华贸易。

抗美援朝时期，美国对华的贸易禁运和管制是一个反复的过程，不过，这也已经是强弩之末了，美国的坚持只持续了一段时间，随着战争走向结束，中国又恢复了与西方的贸易往来。不仅是因为中国拥有丰富的资源、广阔的市场，也因为封锁禁运本身就是一种损人不利己的行为，这种人为制造的障碍也不可能永远持续下去。

第十五章

美日贸易战之风起云涌

美日贸易战开始于20世纪60年代，在70年代越加激化，在80年代达到了高潮。其间，美日之间爆发了无数次贸易纠纷，其中行业层面的大型贸易战就有6次。最初双方的贸易摩擦还只是集中在棉纺织品、玩具、钢铁这样的商品上，但随着日本产业转型的深入，涉及的产品已扩大到技术密集型产业，如"半导体、汽车、通信设备"等，感觉被触及核心利益的美国大为恼火，贸易战进一步升级。

## 01 "铁锈地带"

日本经济在1955年之后进入了快速发展时期[1]，到了六七十年代，日本工业年均增长16%，国民生产总值年均增长11.3%，到了1968年，日本已经成为仅次于美国的资本主义世界经济大国，对美国形成了威胁，双方的贸易摩擦也不断加剧。

人们通常认为日美贸易冲突开始于六七十年代，其实日美贸易摩擦其实由来已久，"1美元衬衫事件"可以视为双方的第一次冲突。1955年纽约市场上，出现了日本生产、每件售价为1美元的廉价衬衫[2]，没有人不喜欢便宜的东西，衬衫受到了消费者的热烈欢迎，但却引起了美国纺织工业界的强烈抗议，美国工会组织也发起了针对

---

[1] 1947年随着东西方冷战加剧和中国革命的逐步胜利，美国迫切需要日本成为自己争霸世界的伙伴，于是美国就由最初的制裁日本转为扶植日本恢复经济。其主要表现是：（1）经济援助。（2）经济贷款。（3）直接投资。（4）技术输入。美国资本和技术大量进入日本，在一定程度上弥补了日本自身资金和技术相对不足的缺陷，对日本经济发展起了促进作用。

[2] 事件的背景是战后日本棉纺织品因为朝鲜战争迎来了需求高潮，朝鲜战争结束后需求趋于减少，造成了库存暴增。从1953年开始，日本纺织品产能严重过剩，因此大量廉价纺织品向美国市场出口，引发了贸易摩擦，在之后的若干年中，纺织品一直是两国贸易摩擦最激烈的领域。

日本衬衫的反倾销运动，最后在美国的施压下，日本纺织业自1956年1月实行出口自主限制。这一件小小的衬衫背后其实映射了这样的事实——1955年，日本纺织品在美国纺织品进口市场中占比达到了60%。这次事件成了美日贸易摩擦的开端。

应对棉纺织业出口受限，日本首先做的就是产业转型，日本国内开始重工业化，到了20世纪60年代末，日本向美国出口的主力商品由纺织品变成了钢铁，而到了70年代，日本工业制造业发展迅速，质优价廉的日本产品迅速占领了国际市场。1969年，在美国的钢铁进口中日本占比42%。到了80年代初期，美国对日本的商品贸易赤字飙升至500亿美元。其间，美国的一些工业企业日子已经很不好过了，比如承担了主要竞争压力的美国中西部和东北部等工业中心，就形成了"铁锈地带"，失业率超过了全国平均水平的两倍。1963年美国的钢铁制品相关厂家指控日本对美国搞"倾销"，双方摩擦加大。代表这些地区利益的州议员在国会发起针对日本的贸易保护提案，商业界人士也表示鼎力支持。结果从1967年到1974年，日本钢铁业被迫连续3次自动限制对美出口。即使这样，仍然没有真正解决问题，一直到1985年，经过多次特别协商，美日双方才达成协议，日本钢铁制品大量出口至美国市场的势头勉强刹住。

一波未平一波又起。从20世纪60年代起，日本开始做产业结构的调整，到了1970年，日本家电行业开始迅速崛起，在70年代后期接棒钢铁行业，成为对外出口的主力。其中彩色电视的出口势头尤其迅猛，巅峰时期对美出口占彩电出口的90%，占据了美国30%以上的市场份额。于是彩电又成了下一个打击对象，美日双方又展开了一次彩电战，最终以日本的妥协告终。1977年美日签订《维持市场秩序协定》，协定中日本"自愿限制出口"彩电，把每年出口美国的彩电控制在了175万台。

就这样，美日的贸易摩擦不断升温，大大小小的贸易战打得无止无休，后来双方在手帕、鞋、陶瓷器、玩具等轻工业产品上也都不同程度地发生贸易摩擦，而日美贸易战中最激烈的一场就是汽车贸易战。

## 02 汽车大战

日本从20世纪60年代开始强势崛起，尽管从那以后美日双方贸易摩擦不断，但是美国真正被撼动，还是从20世纪80年代的汽车贸易战开始。

美国被称为"轮子上的国度"，这话一点儿不假——德国人发明了汽车，而美国人则给生活安上了轮子。美国是传统的汽车生产大国，也是世界上最大的汽车消费国。1905年，亨利·福特发明了价格低廉的T型车，汽车开始在美国大行其道。汽车工业也是美国工业三大支柱的最大产业，通用、福特、克莱斯勒三大汽车公司曾长期排在世界汽车销售的榜单前列。

但是到了20世纪80年代，美国发现自己遇到了一个致命的对手。

随着日本工业制造的革新与产业升级，在美国的扶持下，汽车产业迅速发展起来了。20世纪70年代，日本就开始向美国出口汽车，由于当时日本汽车的市场占有率很低，并没有引起美国的警惕。但是石油危机后，情况发生了剧变。美国汽车普遍引擎功率大于日本车型，大功率的引擎除了浪费马力之外并没有更多用处，日本汽车的小功率引擎及小车身更加经济、适合城市使用。70年代末至80年代初，美国出现"小型轿车热"，日本借着这个机会，推出了节能、设计与性能均属优良的小型汽车，迅速打开了美国汽车市场的大门，并向纵深发展。

1976年和1977年对日本美国出口汽车分别比上年增加47.6%和27.4%，到了1980年1月，日本汽车突破700万辆大关，跃居世界首位，出口美国高达192万辆，在美国市场上的占有率达22%，而在80年代中后期，日本汽车占领了美国三分之二的市场。美国的情况则与之形成了鲜明对比：1950年，美国小汽车产量是666.58万辆，占世界小汽车总产量的81.5%，是绝对的汽车霸主，但到了80年代，美国小汽车产量只占世界总产量的26%，而日本汽车则取代了美国位列世界第一。1991年，美国对日本的汽车贸易逆差更是达到了惊人的278.2亿美元。

日本汽车在美国市场上急剧扩大的占有率震惊了美国，而美国的汽车行业也因此出现了急速衰退。一些中小型汽车企业纷纷倒闭破产，三大汽车公司也出现了亏损，汽车行业临时解雇人员甚至超过了20万人。汽车霸主地位的流失和失业问题，使得美国议会和民间要求限制从日本进口小型轿车的呼声日益高涨。

当时的美国报纸曾刊登过一些抗议日本汽车进口的照片。一张照片中，两位美国工人正在挥锤砸向一辆日本汽车，这是一次由北印第安纳州工会组织和赞助的活动，路人每砸一锤给1美元。还有一张照片是两个美国汽车工会的工人正在砸一辆丰田卡罗拉汽车，现场还立着一块巨大的牌子，牌子上写着："想要在美国卖车，那就得在美国生产！"

1981年，里根总统上台，他为了兑现自己在竞选中重振美国汽车产业的诺言，强烈要求日本政府对其向美国的轿车出口实施自主限制，此外还要求日本汽车厂家到美国投资设厂以及开放日本的汽车市场等。日本很快就妥协了，按照美国政府的要求规定了向美出口轿车的数量上限，在1981年至1983年期间，日本每年对美国汽车出口控制在168万辆以内，从1984年4月起扩大到185万辆，而由于实施自主限制，本田、日产和丰田等日汽车企业转而扩大在美当地生产。

最后要说明的是，尽管美国对日本的汽车出口挥动了贸易战的大棒，尽管日本答应了美国的诸多限制，但事实上汽车仍是日本最有竞争力的出口产品，1990年，美对日410亿美元贸易赤字中75%是由汽车及其配件造成的；直到1994年，美对日贸易赤字仍有60%是由汽车贸易造成的。

集中的贸易谈判对美日贸易逆差的缩小确实起到一定的短期作用，但作用时长仅为1至3年。

## 03　东芝事件

日美贸易战中，双方政府间、产业间的交锋与博弈进行得如火如荼，就在这关键的时间点上，日本又出现了震动美国朝野的"东芝事件"，而美国后来就以东芝事件为杠杆，撬动了与日本的贸易谈判。

"东芝事件"爆发于1985年12月。日本和光交易公司驻莫斯科办事处首席代表熊谷独向美国政府商务部和巴黎统筹委员会组织举报：1981年4月，苏联对外贸易部、苏联技术机械进口公司、苏联波罗的海造船厂的代表与日本东芝机械公司、伊藤忠商社、和光交易公司的代表签署协定，向苏联提供了4台九轴数控机床，这批数控机床总价值约35亿日元（这个价格是在日本国内售价的10倍）。1982年12月至1983年6月期间，这批设备在日本装船发货，机床到货后，东芝高层甚至还亲自前往莫斯科与苏联人一起庆祝并收取了2000万美元的货款。到了1983年6月，东芝公司向苏联方面交付了17台机床。这些机床储存在了列宁格勒海军基地，由东芝派出的日本技术人员组装，而到了1984年初，苏联已经将这批设备投入使用。

东芝事件一经爆出，立刻引起了美日的巨大关注。因为先进的数控机床是一个国家重要的战略物资，在当时的美国也属于高精尖技术，一直严格管制，而这种数控机床也是苏联急需的——苏联的核潜艇一直存在噪声过大问题，有了这种机床和技术就能加工高性能螺旋桨。

事实上美国海军也已经发现了不对劲儿的地方，过去苏联核潜艇在挪威海域活动的时候，引起的水声振荡有时甚至可以被设在大西洋另一侧的百慕大群岛的美国海军水声监听站探测到；而使用了日本机床后，苏联核潜艇噪声大大降低，曾经迫近到了美国东海岸附近10海里。

日本随后对这一事件展开调查，调查人员从日本通产省获得了涉案的出口许可证，发现当时东芝公司的申请内容为对苏出口四台两轴联动数控机床。由于两轴联动的机床并非出口管制产品，所以通产省很快就批准了，东芝公司拿到了出口许可证，最终顺利地施展了"调包计"。于是1987年4月30日，东京警视厅以"涉嫌违反《外汇及外国贸易管理法》"的名义，对东芝机械公司提出诉讼。同年5月27日，日本警视厅与公安调查厅突袭了东芝公司的总部。警察逮捕了铸造部长林隆二与机床事业部长谷村弘明，另有两位高官也被勒令辞职。

事情到这里还远未结束，东芝事件在美国引起了轩然大波。在1987年1月，美国就正式向"巴统"15个成员国代表进行了通报。

随后，美国国会议员也开始关注这一事件，6月份，数名美国国会议员手持大锤站在媒体的镜头前，砸碎了一台东芝公司出产的收音机，要求美国禁止东芝产品，媒体大篇幅报道，美国舆论一片哗然，严惩东芝公司的呼声占了上游。

危机之中，东芝公司启动了强大的公关游说，包括美国通用电气、摩托罗拉在内的90家大财团企业要求对东芝从轻处罚，理由是美国企业与东芝有密切的合作关系，如果对东芝实施严厉制裁，会影响美国的税收、工人就业以及美国企业与东芝的共同投资和技术合作。

从参议院1987年6月30日出具对东芝事件的最初处罚意见，到1988年4月参众两院弥合分歧，里根总统签署最终处罚决定，历时10个月。对东芝的最终处罚，较最初版本要轻得多，在适用年限、范围以及例外条款上都有放宽：美国禁止（子公司）东芝机械3年内对美出口，而对控股的东芝公司只是禁止其3年内向美国政府出售产品。

东芝事件的大背景是日本在半导体、光纤、智能机械等高新领域的技术发展已经超越了美国，而且还爆发在一个特殊的时间点上——1987年到1988之间，正值美日贸易摩擦不断升级之际，两国正围绕半导体、农产品市场开放、军事技术转让等问题激烈博弈。"东芝事件"在美国的刻意渲染下，强化了美国国会的反日情绪，让贸易战进一步升级。1987年，里根对日发起了"二战"后美国首例贸易制裁，日本出口美国价值3.3亿美元的存储器被征收100%关税。一年后，国会以压倒性多数通过了包含超级301条款的1988综合贸易法案。

之所以说美国刻意渲染了"东芝事件"的严重性，是因为"东芝事件"其实是"东芝–康士伯事件"——挪威的军工企业康士伯也在这一时期向苏联出售了操控九轴联动数控机床所必需的计算机设备和操作软件，但是当东芝公司在风口浪尖上煎熬时，康士伯却无人关注，轻松过关，原因是美国对挪威不存在贸易逆差，而日本触犯了美国的核心利益。

# 第十六章

# 美日贸易战之余波未平

随着美日贸易战的"主战场"从轻工业、重化工业演变到高新技术产业，美国对日本的贸易战手段也一再升级，从1985年以前的强制性关税、配额、自愿出口限制为主，拓展到1985年后的汇率调控、自愿进口扩大与开放市场。在这个过程中，美国不但迫使日本签订了《广场协议》，而且还多次动用"301条款"要求日本经济做出调整。直到20世纪90年代，日本资产泡沫破裂，并出现长达十年左右的停滞，美国贸易逆差的GDP占比开始下降，双方的贸易关系才逐步改善。

## 01　广场协议

讨论日本经济时，我们常常会提到《广场协议》。一般认为广场协议后日元大幅升值吸引了大量海外资本涌入，过度宽松的货币政策叠加热钱导致日本资产价格飙升，资产泡沫被吹大。之后经济泡沫破灭，导致日本经济停滞，就此陷入"失去的十年"。那么《广场协议》是如何签订的呢？

我们首先来看一下《广场协议》签订之前美日的贸易战情况。前文曾经提到过，美国在20世纪70至80年代发动的贸易战并没有解决美国贸易逆差扩大的问题，美国对日本的贸易逆差仍然存在，甚至还有扩大趋势。（这一过程是长期的，数据显示到了2008年，美国对日本的贸易逆差已经达到了8325亿美元。）

美国自身的经济也面临着贸易赤字和财政赤字的双重困扰。20世纪80年代初，美国经济出现了严重的通货膨胀（1979年美国通胀率高达13%），在这种情况下，美联储被迫实施紧缩货币政策，试图用加息来对抗通胀，但高利率吸引了大量的海外资产流入美国，美元大幅升值，从1980年到1985年，美元对日元、马克、法郎、英镑的总体升幅约达50%。美元升值严重影响到了出口竞争力，不仅给脆弱的制造业雪上加霜，还带来了巨额贸易逆差。

美国的制造业财阀、国会议员等相关利益集团开始给当时的里根政府施压，要求政府干预外汇市场，以解决美元被高估和美国贸易逆差不断加剧的问题。为此，里根政府开始对主要贸易伙伴施压，日本则是首当其冲的目标。

就这样，1985年9月22日，美国财政部长詹姆斯·贝克、日本财长竹下登、前联邦德国财长杰哈特·斯托登伯、法国财长皮埃尔·贝格伯、英国财长尼格尔·劳森雪等五个发达工业国家财政部长及五国中央银行行长在纽约广场饭店举行会议，达成五国政府联合干预外汇市场，使美元对主要货币有秩序地下调，以解决美国巨额的贸易赤字。这就是有名的《广场协议》。协议内容包括抑制通货膨胀、扩大内需、减少贸易干预、联合干预外汇市场、使美元对主要货币有秩序地下调，等等。大家可能会觉得有点儿奇怪，明明是五国协议，为什么一提到《广场协议》，大家首先就想到日本呢？这是因为在协议中虽然法国、联邦德国、英国均有所让步，但作为新兴经济体的日本做出的妥协最大：第一，进一步对外国商品和服务开放本国市场；第二，执行强有力的监管松绑措施以充分发挥私营部门活力；第三，就日元汇率执行灵活的货币政策；第四，大力实施金融市场和日元汇率自由化；第五，在财政政策方面继续聚焦两大目标，即减少中央政府赤字和为私营部门提供有利增长环境；第六，在刺激内需方面聚焦扩大消费和抵押信贷市场，以刺激私人消费和投资。我们可以看到，在这六条中，实现日元对美元升值是协议的核心内容。

《广场协议》是五国针对彼此间特别是对美国严重的国际收支失衡相互协调和妥协的结果，之后日元大幅升值对日本经济的影响主要来自两个方面：一是出口减少。1985年日本的出口额为4.2兆日元，《广场协议》签订后，日元急速升值，导致1986年出口下降15.89%，跌至3.5兆日元。二是对外投资损失惨重。《广场协议》签订之前，日本对美国贸易顺差巨大，出口企业赚取了大量美元，这些钱大部分用于购买美国中长期国债和对外直接投资。1985年，日本对外直接投资额和对外证券投资额分别为440亿美元和1457亿美元。《广场协议》签订到1987年底，日元兑美元累计升值50%，许多持有国外资产的投资者损失惨重。这直接影响了投资者在日本国内投资和消费的能力。在上述两方面的不利影响下，日本经济开始不景气，GDP增长由1985年的4.4%下降至1986年的2.9%。

对于美国来说，《广场协议》也仅仅解了一时之渴：协议签订后，美元高估的问题确实迅速得到解决，美国贸易逆差问题也大幅好转，20世纪90年代初甚至一度恢复到顺差状态，但是这种好时光只是昙花一现，随着经济全球化加速，美国外贸形势又迅速恶化——其实这与美国自身的经济结构有关，单边抑制进口贸易并不能真正解决问题。

## 02　301条款

随着中美贸易战的进行，"301条款"也越来越多地传进了国人的耳朵。事实上，美国并不是第一次对中国举起"301条款"的大棒，中国也不是唯一"中招"的国家，从1974年以来，美国共启动了一百多项"301调查"，欧盟、日本、加拿大、韩国、巴西等多个世贸组织成员都屡次成为调查对象，部分成员被迫对美国企业开放市场或是成为美国实施报复措施的目标，而其中最大的"受害者"就是日本。

所谓的301条款，是美国通过《1962年贸易扩展法》《1974年贸易改革法》《1979年贸易协定法》《1984年贸易与关税法》《1988年综合贸易与竞争法》等逐步完善的关于保护美国自由贸易的法律规定。301条款超越了世贸协定和任何第三方规则，它赋予美国总统及政府部门对外国立法或行政上违反协定、损害美国利益的行为采取单边行动的立法授权，无须国会批准。狭义的"301条款"仅指美国《1974年贸易法案》的第301节，也被称为"一般301条款"，主要应用对象是具体的商品贸易；而广义的"301条款"除了"一般301条款"之外，还包括"保护"美国知识产权的"特别301条款"和让国际贸易界谈虎色变的关于贸易自由化的"超级301条款"，以及其他配套措施。这些法案中列举了"不合理的"外国政府的政策和做法的清单：设立企业有关的做法、对知识产权的保护、对外国公司反竞争法的默许、确定出口目标、无视劳工权利。条款还对包括调查、决定和报复等各个程序都设置了具体的时间规定。

从20世纪五六十年代开始，美日贸易摩擦不断加大，随着美国对日本的贸易逆差不断扩大，从70年代起，美国逐渐转向贸易保护主义，开始立法采取单方面的贸易制裁措施，在这样的背景下，301条款应运而生。在美日贸易战中，美国对日本动用了多项贸易保护措施，包括我们前文提到的《广场协议》、通过谈判迫使日本"自愿"限制出口等，而其中最主要的贸易保护工具就是301条款。20世纪70年代到80年代，美国贸易代表前后总计向日本发起了24例301条款案件调查，迫使日本政府做出让步和妥协，自愿限制出口、开放市场并提高对外直接投资。

这里我们试举几例。

半导体行业的301调查。20世纪80年代，日本半导体产业风光无限，美国只能屈居其下。据统计，在1989年，日本占全球份额的53%，美国只有37%；1990年的全球半导体厂商排名中，前10家有6家来自日本，前20家有一半来自日本。这样的辉煌自然惹人眼红，1985年美国的半导体工业协会和半导体制造商在美国起诉日本半导体制造商违反了反倾销法、反托拉斯法、301条款等法案，美国法院受理，并开展了对日本半导体行业的301调查。在美国的狙击下，日本最终选择妥协，同意对日本出口的半导体产品的成本和价格进行监控，以防止倾销；鼓励国内消费者多使用美国同类产品，同时签署了秘密协议，促使美国产品在日本市场的占有率在1991年达到20%。达成这些协议后，美国中止了301调查。最终日本的半导体行业逐渐萎缩，失去了全球级的影响力。

　　1989年6月，美国在同一日对日本发起了三项301调查，分别是关于卫星政府采购、巨型计算机政府采购和木材产品的技术歧视性使用。美国认为日本在这些行业存在贸易壁垒，而且价格过低，并据此发起301调查。其中超级计算机是调查重点，事实上，早在1987年美日曾就超级计算机问题达成过协议，但后续美国认为日本政府在采购政策和定价措施等方面还是为美国设置了市场进入门槛。这一次，日本在301条款面前仍然很快妥协，并因此损失惨重。比如，日本因此取消了发展自主通信卫星的项目，向美国全面开放航空航天市场，从而导致了日本错过了后来30年中在芯片、网络和航天通讯领域飞速发展的宝贵机会。

　　我们可以看到，301条款完全是美国单方面行为，即条款启动后，不需要任何证据和任何机构"仲裁"，只要是美国确信了的，就可以发起"贸易制裁"。在这样一个超级武器的打击下，日本当时最具竞争力的产业纷纷受到重创，也给日本人留下了持久的心理阴影。那么301条款真的这么强悍吗？为什么日本表现得如此软弱？

　　实际上，这也与当时日本的处境有关。"二战"后，日本在经济、军事、外交上严重依赖美国，其出口导向型经济也严重依赖于美国市场，而当时的日本缺乏产业核心竞争力，在家电、纺织、钢铁、汽车等领域，很多都依赖于此前引进的美国技术。这些因素导致日本面对美国发起的贸易战只能步步退让。

## 03　十年一梦

1988年，脱口秀女王奥普拉采访了一位42岁的地产商人，面对着镜头，这位年轻的地产商激烈地批评了美国政府的政策："我们给日本一切权利进入我们的市场，倾销他们的商品……日本人进来，他们卖汽车，卖录像机，他们击败我们的公司。"你猜到了，这个地产商就是美国的第45任总统特朗普。

事实上，美国从来就没有放松过贸易战的大棒，20世纪80年代，美日两国一直围绕着半导体、农产品市场开放、军事技术转让等问题激烈博弈。美国不但迫使日本签下了《广场协议》，还屡屡动用"301条款"攻击日本。就在特朗普批评当时美国政府的对日政策时，日本经济其实已经开始了畸形的发展。

在签订《广场协议》后，作为当时世界第三大储备货币的日元，币值连续五年年均上升5％以上，而为了应对日元大幅升值局面，日本决定调整经济结构，扩大内需。1986年，日本政府采取了"扩张性财政政策"；日本中央银行则采取了"超宽松的货币政策"，连续调低利率，在1986年分四次把基准利率从5％下调至3％，1987年2月进一步调低至2.5％的历史最低水平。与此同时，日本中央银行的货币供应量迅速增长，从而造成国内过剩资金急剧增加。在宽松的货币政策支撑下，过剩的资金纷纷流向了股市和房地产等领域，泡沫经济逐步形成。

在那个泡沫经济时代，日本国民生活水平达到了顶点。东京街头的出租车司机一年收入可以达到1000万日元；日本大学生一毕业就会有5到10家公司内定录取，而且去公司面试即使不被录取也可以拿到红包，有的人通过不断去面试，一周竟然拿到了100万日元。进入公司后就可以享受超高的福利待遇，公司会额外补贴员工去海外旅行，一些证券公司给每位普通员工年平均交通津贴是300万至400万日元。

当时整个日本社会的关键词就是"买买买"，日本人阔气得让人瞠目结舌：在宝石展会上，几乎每个参展的人都会花费1000万至2000万日元来购买宝石；高级餐厅几乎每晚都会爆满，2万至3万日元一餐的饭，大部分人都会每周去消费2次；在高档消费场所，服务员随口说出"请您走好"，都有可能被打赏1万日元；出国旅游对普通日本人来说只是家常便饭，1986年日本出境游游客是552万人，1990年这个数字是1099万，海外旅行消费总金额12.7兆日元，平均每人在海外消费115万日元。

当时日本的钱多到什么程度呢？根据"家乡创生一亿"的政策，日本政府直接分钱给各个市町村，然而这些市町村也不知道怎么花掉，干脆就打造纯金偶人、纯金兽头瓦装饰在办公室里，有些市町村甚至把打造好的纯金物品直接扔到了海里。

低利率和充足的货币供给刺激了泡沫经济投机活动。

日本股市暴涨，当时的日本人甚至认为股市不会下跌。1989年末，日经平均股价高达38915.87日元，相当于1984年的3.68倍，1989年末最后一天更是创下接近4万日元的历史最高。当时，日本股市的市盈率高达80倍。人们都在买买买，主管日本经济的大藏省甚至发表了预测：平均股价不久将升至6万至8万日元。

日本的地价暴涨，从1985年到1988年，东京都的商业用地上涨了两倍，而在1987年，日本商业用地和住宅用地价格的年上升率超过了76%。到1989年底，日本土地资产总额约为2000万亿日元，是美国土地资产总额的整整4倍。报纸上经常可以看到日本人这样的言论："把东京的地皮全部卖掉就可以买下美国，然后再把美国土地出租给美国人住"，而日本人也确实从国内买到了国外。1986年，日本第一不动产公司以破纪录的价格买下了纽约的蒂芙尼大厦；1989年，三菱地产公司一举买下纽约市中心洛克菲勒中心14栋大楼；其他一些日本房地产公司也纷纷在夏威夷、加利福尼亚买饭店、写字楼或购物中心。

在这些疯狂的购买过程中，还曾发生过很多荒谬的事。比如有一次，日本人打算买下一栋美国大楼，美国人报价4.7亿美元，双方已经谈妥，但是到了付款的时候，日本人忽然又拿出了一个新的合同书，要求按照6.1亿美元的价格付款。美国人目瞪口呆不知为何，而日本人的解释是，他们老板希望打破吉尼斯世界纪录上单个大楼6亿美元的最高售价。

当时很多美国人惊呼日本人在"购买美国"，《纽约时报》甚至发表文章担忧"总有一天日本会收购走自由女神像"，而日本国内也充斥着极端乐观的情绪，政论家、经济学家们预言"日本将成为世界第一经济大国""日本将成为继美国之后的下一个霸权国家"……但是"日本的时代"没有到来，日本的泡沫经济很快破灭了！

　　1989年12月29日，就是日本央行第三次提高贴现率后的第四天，日经指数创下最后一次历史新高——38957.44点，"谱写了日本股市在历史上永远难忘的一页"。当得意忘形的人们叫嚷着明年股指要达50000点的时候，日本股市开始了它长达多年的熊市之旅。土地价格也在1991年左右开始下跌，泡沫经济开始正式破裂。当时的日本一片混乱和恐慌，从房屋、土地到股市、融资都有人或公司大量破产，银行不良贷款剧增，土地或股市套牢了大量资金，很多家庭遭遇了悲剧，不但失去了房产，还要背负可能需要一生来偿还的巨额债务……整个20世纪90年代，日本经济陷入了长期停滞和萧条，并爆发了严重的金融危机，这就是人们所说的"失去的十年"。

　　日本学者吉川元忠在《金融战败》一书中悲哀地写道："太平盛世"中，谁能意识到战争已打响？若是真枪实弹的战争，谁也不会将自己的利益亲手送给敌对一方，而在人们看不到摸不着的无形战争中，往往败就败在心甘情愿地将自己的大好河山拱手送给对手还浑然不知。

　　我们回头再看一下从美日贸易战到日本经济泡沫破裂的全过程：为了解决日益扩大的对日贸易逆差，美国动用了种种手段狙击日本，使得日元大幅升值，日本为了弥补日元升值给出口带来的冲击，日本央行开始实施量化宽松政策来启动内需，最终吹起了一个巨大的经济泡沫，并为此遭受了巨大的损失。

讽刺的是，直到今天，美日每年仍旧有700亿美元的贸易逆差，这样一场长期激烈的贸易战最终也没有解决逆差，只是"解决"了日本而已。

# 第十七章

# 美欧 20 年香蕉贸易战

20世纪90年代后,美国与欧盟之间的贸易冲突时见报端,"香蕉战""牛肉战""钢铁战"不断上演,"冷战"时期因为面对共同敌人而被掩盖的经济矛盾彻底暴露出来。美欧贸易战相比以往的贸易战更为复杂,双方不仅将金融战与贸易战进行了融合,构建了"反倾销"与"反补贴"惩罚、进口配额、进口许可证、自产比例限制等更隐蔽的非关税壁垒,还充分利用世贸组织的规则维护自己的利益。本章中将要谈到的"香蕉贸易战",就是WTO框架下非常有代表性的一次贸易战。

## 01　洛美协定

冷战期间，美国与欧洲一直是伙伴关系，但是冷战结束后作为当时的两大经济体，双方在经济贸易方面的矛盾也很快暴露出来。特别是在农产品领域，美国与欧盟的贸易争端不断：法国人大骂美国抢走了他们在埃及的传统小麦市场，欧盟的发言人则抱怨"美国人要把我们在地中海地区的其他市场抢去"，美国人也不甘示弱，直接指责欧盟在"明目张胆地抢劫"。美欧农产品贸易战从20世纪60年代开始已发生过多次，理由多种多样，有时是争夺市场，有时是因为对方的贸易壁垒，有时是因为双方不同的农业政策……而在这些贸易冲突中，最为引人注目的除了荷尔蒙牛肉和转基因产品之外，恐怕就是香蕉问题了。

美国与欧盟的香蕉贸易战爆发于1993年。作为世界上最大的香蕉消费市场，那一年欧盟开始实施香蕉进口制度404/93号规则，通过许可证制度、配额制度等对香蕉进口进行限制。但是，欧盟国家原来在非洲、加勒比和太平洋地区的殖民地国家却不在此列，可以享受特殊优惠待遇[1]。这引起了美国的强烈反对，并最终向世贸组织申诉，一场香蕉大战就此爆发。

可能有的读者会感到奇怪，美国并不是盛产香蕉的国家，为什么会为了香蕉跟欧盟大打贸易战呢？

首先，这是因为美国在与欧盟的香蕉贸易中有着巨大的利害关系，欧盟市场上70%以上的香蕉来自拉美国家，拉美国家的香蕉价格十分便宜，质量优良，因而在欧洲市场颇受欢迎。拉美国家香蕉的出口，主要由两家美国的跨国果品公司奇迹达[2]（CHIQUITA）和都乐（DOLE）公司来控制。统计数据显示，欧盟年均进口香蕉400万吨，零售总价值达50亿美元，利润约为10亿美元。因此，新的香蕉进口制度实施后，美国公司损失巨大，以奇迹达公司为例，1992年末，其占欧盟进口香蕉市场份额的40%，而在新的制度实行后下降到

---

[1] 第二次世界大战之后，欧洲的香蕉市场分为两个部分。英国、法国和西班牙优先进口来自其海外殖民地的香蕉，而限制其他国家的进口。其中，英国鼓励牙买加、多米尼亚、圣卢西亚岛的香蕉生产，法国优惠来自象牙海岸、喀麦隆的香蕉。在这些国家中，香蕉种植是小规模的家庭经营，没有机械化或者灌溉，产量很低，远远低于洪都拉斯、危地马拉、厄瓜多尔。实际上，加勒比海国家的香蕉生产成本是中美洲香蕉种植园的两倍。如果没有欧洲的特殊优惠政策，这些加勒比海岛国的香蕉生产可能早就破产消失了。1993年，为了维护本土地区香蕉种植园的利益以及给非加太国家的特惠待遇，这才颁布了404/93号规则。

[2] 奇迹达公司的前身就是臭名昭著的联合果品公司。在20世纪，联合水果公司操纵着中美洲国家的政局，帮助美国成功控制了中美洲乃至整个拉丁美洲地区的经济，并打造了一个个"香蕉共和国"。在这些香蕉共和国中，平民百姓在联合水果公司的疯狂掠夺和国内腐败的统治者们的横征暴敛的双重压迫下贫困不堪，生活到了崩溃的边缘。

不足20%。拉美出口到欧盟的香蕉总量,将由270万吨减少到220万吨,并且每吨香蕉要征税82.5美元,此外出口到欧盟新成员国的另外35.3万吨,每吨须征税330美元。但是,来自非洲、加勒比和太平洋地区原英、法殖民地的香蕉到欧盟新成员国的关税就要少多了,每吨只有119美元,其出口到欧盟的香蕉总量每年将达到85.8万吨。这导致拉美国家的香蕉外汇收入剧减。巴拿马在欧盟配额制度实行前,每年来自香蕉出口的收入有210亿美元,出口的4000万箱香蕉中有81%进入欧盟市场,而1998年其出口收入只有120亿美元。这么大的市场损失,美国自然不能善罢甘休。

其次,加勒比国家香蕉出口利益受损也将损害美国和加勒比国家的关系。当时,美国是加勒比国家商品和服务的主要供给者,如果加勒比国家出口香蕉所赚美元减少,那么他们对美国商品和服务的需求就将减少,而且当加勒比国家的工人失业、经济混乱时,就会增加到美国的移民(包括非法移民),还可能引起各种犯罪活动,这些当然是美国不愿意看到的。

对欧盟来说,特惠待遇体制并没有什么问题,他们的根据就是《洛美协定》。1975年2月,非洲、加勒比海和太平洋46个发展中国家和欧盟9国在洛美开会,确定了贸易和经济援助方面的框架。《洛美协定》中欧盟明确在多个方面为协议成员国提供便利条件。为了确保非加太国家在对欧贸易中可以取得特惠待遇,欧盟制定政策为对洛美协定成员国出口欧共体的香蕉全部免税准入,其余香蕉实行配额限制。这种特惠待遇体制是为了达成欧盟的"贸易—援助"目标。

1996年，美国联合厄瓜多尔、危地马拉、洪都拉斯、墨西哥和巴拿马等拉美的一些香蕉生产国，向世贸组织申诉，要求欧盟重新回到自由贸易的轨道。

## 02　规则之下

美欧的分歧主要在于，欧盟是否对拉美国家出产的香蕉和欧盟成员国前殖民地国家出产的香蕉一视同仁。

1995年10月4日，在WTO框架下，美国、危地马拉、洪都拉斯、墨西哥与欧盟进行协商，但这次协商失败了。于是在1996年4月11日，美国等国要求DSB（WTO争端解决实体）成立专家小组，该专家小组裁定欧盟违反了贸易规则："不允许在对待进口产品时因原产国的不同而实施歧视，也不允许对不同的国家适用不同的规章和程序。而欧盟的香蕉进口许可程序对来自不同国家的香蕉采取区别对待的歧视性做法，明显与条规不符。"同时，专家小组以此要求欧盟修改香蕉进口规则。欧盟不仅进行了上诉，还质疑美国向WTO投诉欧盟香蕉贸易体制的资格，但是被驳回了，最后的报告仍然不利于欧盟。

1999年1月1日是欧盟纠正其不符合有关WTO协定的香蕉进口措施的最后期限。

之后，欧盟为其执行措施与WTO裁定和有关WTO协定是否一致,展开了一场新的更加艰苦的程序战。一方面竭尽全力地为其执行措施的合法性进行辩护,另一方面利用DSU有关条款的模糊性,努力抓住每一个程序上的机会,以"拖延"遵从对自己不利的裁定,同时迅速、及时、有效地反击美国根据1974年贸易法301程序采取的任何报复行动。

这场旷日持久的"香蕉大战"是WTO框架下非常有代表性的一次贸易战。当事各方不仅利用了DSU所能提供的几乎所有程序,而且主张运用WTO现行争端解决规则甚至尚未规定的各种程序。

美国当然也不示弱,首先,在WTO体制内,拓宽和扩大可适用于欧盟香蕉进口体制的WTO规则(例如以GATS和1994年关贸总协定为中心,进而扩大到《进口许可程序协定》《农业协定》和《与贸易有关的投资措施协定》),加大欧盟为其香蕉进口体制的合法性辩护的难度;其次,利用DSU有关条款的模糊性和欧盟拖延执行DSB裁定所产生的机会,借助国内政治压力和WTO多边外交攻势,通过单方面的301程序对欧盟实行贸易报复威胁和报复,不仅反击欧盟在执行DSB裁定方面的拖延战,而且加重欧盟执行DSB裁定的压力,还希望借此证明其301贸易政策的合法性;最后,将请求DSB授权的报复集中于1994年关贸总协定下的货物贸易和除荷兰、丹麦以外的其他13个欧盟成员国,不仅强化对欧盟制裁的力度,而且促使欧盟尽快改变其拖延履行DSB裁定的战略。

那么,欧盟会如何做呢?世贸组织的裁决能够解决美欧的贸易冲突吗?

## 03　贸易报复

1998年，欧盟修改了香蕉进口政策，1999年1月1日，欧盟提交了关于香蕉贸易的新配额制度，但作为申诉方的美国仍不满意，认为欧盟仍旧在执行歧视政策，要求WTO争端解决机构再次审议，并要求实行报复。1999年和2000年，WTO争端解决机构先后授权美国和厄瓜多尔对欧盟多项产品实行贸易报复。

但事实上，美国在1999年3月重新审议尚没有结果的时候，就已经迫不及待地开始了自己的"报复"——美国宣布单方面运用"301条款"对来自欧盟的价值5.2亿美元的产品征收100%的惩罚性关税，这些产品包括奶酪、甜饼干、蜡烛、手袋、毡纸、贺卡、开司米毛衣、纯棉、床罩、纸板箱、电动交通工具的电池、咖啡壶和吊灯等，以报复欧盟通过许可证和配额制度限制香蕉进口，对美国相关行业造成损害。有趣的是，这一数额正是包括美国奇迹达、都乐等公司所声称的，由于欧盟双重标准政策使其年均受损失的总额。

此时，欧盟对于美国发起的贸易战已经很"熟悉"了。早在1962年，欧盟就曾跟美国打了一场"鸡肉贸易战"。"二战"后，鸡肉大量从美国出口至欧洲。1962年，当时的欧共体瞄准美国农业中的冷冻鸡肉产品，施加关税壁垒，美国向WTO前身即关税与贸易总协定（GATT）起诉，但这只是表面文章，美国国会很快通过了《1962年贸易扩展法》，直接授权总统对贸易保护做法进行还击，时任美国总统肯尼迪做出了对从欧洲进口的土豆和卡车等商品征收报复性关税的决定。

因此，这一次欧盟不但没有按照美国的要求修改香蕉进口政策，反而做出快速反应，要求WTO对美国的"301条款"的合法性进行审议。欧盟认为"301条款"违反了WTO的有关规则，1999年欧盟申请WTO成立专家组调查干涉本案，在历经9个月的漫长审理后，专家组给出的结论是"初步违反"，但专家组也强调，应该慎重地考虑美国特殊的体制和行政国情。这是一个非常暧昧的裁决。什么意思呢？也就是说，虽然"301条款"表面上确实存在违反WTO相关规则的情况，但美国只要承诺保证他国的利益，该条款可以客观存在，"很难说违反协定"。在这个模糊不清的裁决之下，美国和欧盟都认为自己"赢了"——美国认为欧盟的上诉被驳回，欧盟认为美国的"301条款"被认定违反WTO多边争端解决的原则。然而我们可以看到，这个裁定虽然表面上强调了美国的义务，但实际上却纵容了美国的霸权，给国际贸易留下了隐患。

最终，WTO总干事出面调解，双方各退一步。2001年，欧盟与美国达成香蕉贸易的谅解协议，香蕉进口从复杂的关税及限额混合机制过渡到单纯关税机制，美国则承诺一旦欧盟完成承诺，美国将会撤销对于欧盟的惩罚性报复措施。2012年11月8日，经过多次波折与反复，欧盟和十个拉丁美洲国家终于在世贸总部签署协议，宣告长达20年的"香蕉国际贸易战"正式结束。

贸易在很多时候也要服从于政治。美国前国务卿基辛格曾打过这样一个比喻："如果没有美国，欧洲会成为欧亚大陆顶端的一个半岛……如果没有欧洲，美国会成为欧亚海岸线以外的一个小岛。"美国与欧洲的确是拥有共同战略利益和相同价值观念的盟友，而且双方长期以来也是彼此最重要的贸易伙伴之一，欧盟和美国之间的贸易额在1999年达到创纪录的35000亿美元。贸易战不过是双方权利与义务再平衡的产物，可以预料的是，未来双方仍会发生各种贸易摩擦，仍会进行种种对抗以及合作。

# 第十八章
# 损人不利己的钢铁贸易战

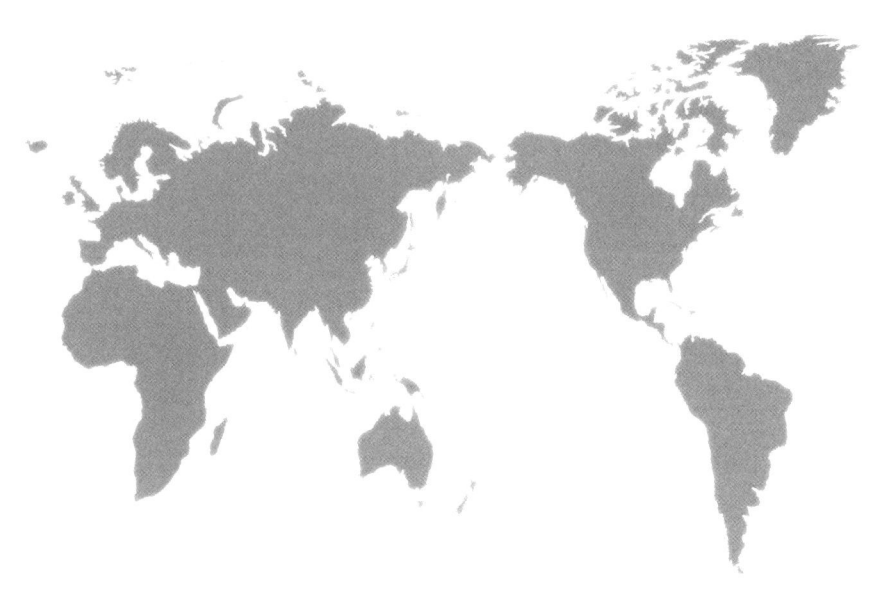

这次钢铁贸易战爆发于2002年，小布什总统公布了进口钢铁201保障措施调查案最终救济方案，对美国进口的主要钢铁品实施为期3年的关税配额限制或加征高关税，这是美国历史上对进口钢铁施加的最为严重的一次贸易限制。包括欧盟在内的钢产品出口国对此非常不满，于是对美国进行关税报复，打起了贸易战。最终，在国内外的压力下，美国取消了钢材产品保护性关税。

## 01 大战开始

21世纪初，美国发起了一场钢铁贸易战，其背景是钢铁行业面临全球产能过剩问题，美国国内钢铁厂商经营困难。数据显示，从1998年至2002年，美国已有31家钢铁企业申请破产保护，占全国总数的近一半。大量钢铁厂破产造成数万工人失业，而美国钢铁业还负担着约130亿美元的医疗保险和退休金费用。此时，小布什总统还面临着上任后的中期选举，为了拉选票、巩固共和党的执政优势地位，美国针对欧盟、日本、韩国等8国（墨西哥、加拿大两国由于与美国同属于"北美自由贸易区"而得以幸免）的钢铁产品出口发动了"201条款"[1]，最终调查结果确认上述国家钢铁进口违反"201条款"。小布什总统裁定对大多数种类钢材进口征收为期3年最高达30%的关税，并对厚钢板实行进口限额，同时实行钢材进口许可制度。

---

1 该条款是根据美国1974年《贸易法》第201节的规定，一旦某种进口商品对本国工业造成严重损害，总统有权根据该条款，对相关进口产品进行关税配额限制或加征关税，以此来保护本国企业免受损害。

3月5日，布什总统决定对进口钢材实施紧急措施，启动"201条款"，该裁定于3月20日起生效。这次钢铁贸易战被制裁国家之广、所涉及产品之多、持续时间之长也是比较罕见的，我们来看一下具体内容：

（1）在今后3年中，对进口碳板、热乳薄板、冷乳薄板、镀锌薄板、镀锡薄板、热轧棒材和条材征收高达30%的关税。30%的关税在实施的3年期间，将逐步递减6%，仅实施的第一年为30%，第二年即将降为24%，第三年为18%。

（2）对于进口板坯将采用配额加关税的做法。在今后的三年中，美国每年的板坯进口配额为540万吨，第一年超过配额部分将加征30%的关税，第二年加征24%，第三年为18%。配额指标中不包含从加拿大和墨西哥的进口，如果加上这两个国家的进口，美国的板坯年进口量将为800万吨。

（3）进口不锈钢棒材、螺纹钢筋、不锈钢线材和焊管制品将在第一年征收15%的关税，第二年为12%，第三年为9%。

（4）进口不锈钢丝将在第一年征收8%进口税，第二年为7%，第三年为6%。

（5）碳钢和合金钢配件将在第一年征收13%关税，第二年为10%，第三年为7%。

不仅如此，布什政府还宣布，即使不在加征关税之列的国家，也会被美国政府监测其进口量，一旦钢材出口量增加过快，就会受到美国的限制，卷入钢铁贸易战。一时之间，不但欧盟、日韩等国的钢材出口量大减，受损严重，其他一些钢材出口国家也"人人自危"。

据美国钢铁工业部门统计，2000—2001年，在美国钢铁进口总额中，欧盟约占25%，相当于10亿美元，加拿大占19%、日本占10%，巴西、中国等发展中国家对美国出口的钢铁产品主要集中于初级产品。

从数据就可以看出，在这次钢铁贸易战中受损最大的就是欧盟，因为当时美国是欧盟最大的钢材出口市场，亚洲的中日韩等国的钢铁行业也受到一定损失。作为钢铁产品出口大国，欧盟表示了强烈反对，为了壮大声势，还积极拉拢日本、俄罗斯、中国、韩国、巴西等国一起在WTO框架下抗争，一时间，一向高喊"自由贸易"的美国成了众矢之的。

## 02　贸易混战

欧盟、日本、韩国将美国告到世贸组织，在布什总统的决定宣布后的第三天，欧盟就向世贸组织提出了申诉。但世贸组织的争端解决机制有其内在的缺陷，决策过程复杂且漫长，比如根据WTO的规则，在有关协议框架内采取措施需要60天；成立专家小组判案需30至50天；如果美国要拖延时间的话，专家小组成员组成又可耗去30天；专家小组审案最长需9个月；而且在此期间，美国可要求专家小组中止工作（最长可达12个月），寻求与当事方"庭外解决"……等这一系列流程走完，也要耗时一年左右了，到时候即使败诉，美国也为国内钢铁行业赢得了喘息时间，欧盟等钢材产品出口国的损失无人赔付。

因此，除了向世贸组织申诉外，欧盟还威胁要对美国进行贸易报复。欧盟委员会要求欧盟15国政府对一系列美国产品征收惩罚性关税，以报复美国对欧洲进口钢材征收的关税。2002年5月14日，欧盟正式向WTO提交了关于在欧美钢铁贸易争端中准备对美国产品实施制裁的清单。"短清单"总值为3.78亿欧元，内容包括针对果汁、某些纺织和钢铁产品（欧盟随即决定对进口钢材征收最高达26%的关税，同时进行进口配额制度）以及大米在内的商品征收100%的惩罚性关税，而"长清单"的总值为6.06亿欧元。加征关税的总额为25亿欧元，与美国提高钢材关税后可能给欧盟造成的损失相当。

除了欧盟外，其他钢产品出口国也制定了反制措施。比如俄罗斯对美国征收钢铁产品高关税一起做了评估，发现损失达到了15亿美元，俄罗斯在当年3月宣布全面禁止美国家禽的进口，进行了贸易报复。

美国提高关税，还会产生其他的连带影响——美国钢材进口市场变小了，钢材产品就会迅速流入到其他地区，冲击这些地方的钢铁行业。为了避免钢材大量涌入本国，许多国家和地区提高了进口钢铁的关税，连获得豁免资格的墨西哥，都迅速将钢产品进口关税提到了35%……就这样，围绕着钢铁产品，众多国家陷入贸易混战中。

2003年3月，WTO在初步裁决中称，美国对进口钢铁征高额关税违规，7月又进一步裁定美国的措施违反WTO规则。欧盟乘胜追击，威胁说如果美国不取消对钢材产品的管制，欧盟还将对小布什选票区的农产品及工业品征收报复性高关税。在国内外的巨大压力下，美国政府6月份将247种钢铁产品纳入免征高关税的"豁免"范围，7月份又再次宣布将价值超过6000万美元的14种钢铁产品纳入豁免范围。到了2003年12月初，布什总统发表声明称，美国取消钢材进口的保护性关税，此轮贸易战才告一段落。

## 03　得失之论

美国政府之所以发起这次钢铁贸易战，是因为从2000年开始，美国经济表现出明显的下滑趋势，而且钢铁产业因为全球过剩遇到了困难，美国试图通过3年的钢铁贸易管制让自身钢铁工业"喘口气"，然后"自己站起来"。那么，这场贸易战达到美国的预期目的了吗？

我们要明确一点，美国钢铁工业的问题更多地存在于其自身，而不是外部（国际市场钢铁供大于求）。美国之前素有"钢铁大王"之誉，但实际上近几十年来美国钢铁工业的生产一直不太景气。这是因为美国钢铁业墨守成规，拒绝做结构性调整，导致效率降低、管理不善、成本高等问题无法解决，这样一来，美国的钢铁产品市场竞争力下降，产品价格高（美国钢铁工人工资远高于制造行业平均工资），产品种类又不能满足国内市场所需,这才导致国外钢铁产品大量进入美国市场。然而美国政府不解决这个根本问题,仅仅希望通过限制进口钢铁产品来保护自身落后的钢铁产业,最终只能导致钢铁工业对政府保护的依赖越来越严重,使自己在全球竞争中的地位越来越弱,害人害己。

确实,在美国提高钢铁产品关税后,美国国内的钢铁产品价格出现了急剧上涨,钢铁行业因此受益。但这只是一个方面,事情的另一方面就比较糟糕了。

首先,提高钢铁进口关税,导致了美国国内相关领域消费成本的提高,特别是在汽车和电机领域。以新奥尔良为例,该市每年的进口交易中,钢铁占了45%,钢材价格上涨对他们来说是糟糕至极的一件事。钢铁产品的价格暴涨,也影响到了普通人的生活。有人做过测算,如果关税增加到40%,对一个普通的美国家庭来说,将意味着他们每年要多花283美元来购买钢铁制品。这类描述不禁让我们想起法国经济学家巴斯夏的名著《看得见的与看不见的》,其中对贸易保护主义的种种谬论进行了一针见血的幽默驳斥。

其次,钢铁产品的高关税在事实上导致了美国失业率的上升。在2002年,美国钢铁工业的工人大概有20万,而钢铁消费行业的就业人数有多少呢?答案是1200万。当美国政府试图通过提高进口关税帮助钢铁产业时,每提高20%的关税,可以挽救9000个钢铁工业的就业岗位,然后钢铁消费行业将有7.4万人失去工作,孰多孰少?

最后,贸易战是一把伤人伤己的双刃剑,比如在钢铁贸易战中,其他钢铁产品出口国的利益受损,而美国也并没有因此讨到太多好处——由于提高关税造成的消费成本的提高,由于欧盟、日本等国的反报复贸易战导致的出口下降,也对美国刚刚开始复苏的经济造成了二次伤害。

一些客观数据也能证明我们上述的说法:在关税措施实施的一年多的时间里,美国的贸易逆差不仅由2002年12月份的3615亿美元扩大到2003年12月份的4939亿美元,净出口对GDP的拉动率也由2002年的-0.19下降到2003年的-4.02。

可以说,美国发起的这场钢铁贸易战,结果是双输,失大于得。

美国历史上曾经多次发起贸易战,而且很多时候美国都没有占到好处,既然如此,为什么还要一再这样做呢?我们发现,贸易战大多是在美国内部经济出现了一定问题,比如经济危机、贫富差距进一步扩大、某一个行业遭遇困境后对国会进行游说或施压等,在这些情况下,美国政府就希望通过贸易战"转嫁"问题,然后就是痛苦而曲折的贸易战,损人又不利己。

还有一种观点也很有意思,叫作"霸权稳定论",在此跟大家分享一下。霸权稳定论是说,"当美国是世界首屈一指的强权时,就会自然地愿意维持开放的国际贸易环境,自身也会采取相当开放的贸易政策。但当美国的霸权开始衰退时,国际贸易环境与美国的贸易政策往往会相互抵触,而逐渐走向各自为政的保护主义道路。"纵观美国近些年来发起的贸易战(冷战期间贸易战、与欧盟贸易战以及近期发起的对中国贸易战),无不是如此——一旦美国感到自身的霸权衰弱，就会在经济问题以及对外贸易上格外有攻击性。

今天，中国超越日本成为世界第二大经济体，美国在此时发起了全球贸易战，如何应对、如何在遏制中继续发展，也考验着中国的智慧和实力。